Susanne Niemeyer

Frohe Weihnachten: Jesus klingelt

Susanne Niemeyer

Frohe Weihnachten: Jesus klingelt

Neue Weihnachtsgeschichten

KREUZ

MIX
Papier aus verantwortungsvollen Quellen
FSC® C083411
FSC
www.fsc.org

www.kreuz-verlag.de

Umschlaggestaltung: Verlag Herder GmbH
Umschlagmotiv: © Susanne Niemeyer
Illustrationen: Susanne Niemeyer

Satz: de·te·pe, Aalen
Herstellung: CPI books GmbH, Leck

Printed in Germany

ISBN 978-3-451-61311-1

Inhalt

1

Als Gott eine Frau fand

»Ich brauche eine Frau«, sagte Gott der Herr und alle Engel erschraken. Damit hatte niemand gerechnet.

»Aber«, hob der Erste aller Engel an, »du bist Gott. Du hast für dich keine Frau vorgesehen.«

Gott blitzte ihn ärgerlich an. Wenn ihm etwas missfiel, dann waren es besserwisserische Himmelsbewohner. »Ich habe beschlossen, auf die Erde zu gehen.«

Einen Moment lang herrschte Totenstille (wenn man denn von Totenstille im Himmel sprechen kann). Dann begannen alle gleichzeitig zu reden: »Aber Herr, warum nur?« »Das gab es noch nie!« »Hier oben ist es doch so schön!« »Die Menschen sind roh!« »Unberechenbar!« »Hier sind wir in Sicherheit!« Doch der Herrscher aller Heerscharen ließ sich nicht beirren: »Ich will meinen Geschöpfen nah sein. Ich will fühlen, was sie fühlen. Ich will lieben, wie sie lieben. Ich will sterben, wie sie sterben.«

Voller Entsetzen sogen die Engel die Luft ein. Was der Herr immer mit seinen Geschöpfen hatte. Das war ihnen schon lange ein Dorn im Auge. Sie hatten es doch gut miteinander. Außerdem war es absolut unüblich, dass ein Gott sich unter das Volk mischt. Für Gott gab es den Himmel und für die Menschen die Erde. Das hatte Jahrtausende gut funktioniert. Warum alles durcheinanderbringen?

Aber Gott blieb stur. »Gabriel«, rief er, »such mir eine Frau!« Gabriel trollte sich grummelnd. Dass der Allmächtige immer so dickköpfig sein musste … Aber natürlich tat er dennoch wie geheißen und brachte ihm drei geeignete Kandidatinnen.

»Diese«, begann er und zeigte auf eine zierliche Blonde, »ist eine Heilige. Männer interessieren sie nicht. Sie trinkt nicht, flucht nicht und liest erbauliche Gedichte.« »Langweilig!«, stöhnte Gott.

»Also gut, dann diese«, beeilte sich Gabriel fortzufahren und lenkte Gottes Blick zu einer ernsten Hochgewachsenen. »Sehr intelligent. Sie hat promoviert in Psychologie, Astrophysik und vergleichender Religionswissenschaft. In den aktuellen theologischen Diskussionen kennt sie sich hervorragend aus. Abends besucht sie gelegentlich philosophische Salons.« »Anstrengend«, winkte Gott der Herr ab. »Hast du nicht jemand weniger Weltfremdes?«

»Wie wäre es mit dieser?«, fragte Gabriel und zeigte auf eine milde Mütterliche. »Sie ist eine wahre Madonna. Opfert sich für andere auf, pflegt Kranke, hat immer ein Ohr für Betrübte und erhebt keinen Anspruch auf ein Privatleben. Man nennt sie auch den Engel des Viertels.« »Engel habe ich hier schon genug«, brummte Gott der Herr. »Ich will eine normale Frau. Verstehst du? Eine, die wie alle ist. Die da! Was ist mit der?«

»Die? Also, mit der ist nichts. Sie heißt Maria. Nicht mal Marie-Louise oder Nele-Marie. Sie ist mittelmäßig. Durch und durch mittelmäßig. Ihre Haare sind mausbraun. Weder glänzen sie wie Kastanien, noch erinnern sie an Schokolade. Wenn sie versucht, Locken hineinzudrehen, hängen sie nach einer halben Stunde wie Linguini auf ihren Schultern. Sie färbt sie nicht mal!« Der Engel schnaubte. »In der Schule war sie mittelgut. Soweit ich weiß, liest sie ganz gern, aber sie spielt kein Klavier und auch kein Cello. Wenn sie wenigstens singen könnte! Stattdessen schaut sie diese schrecklichen Castingshows und träumt davon, auch einmal entdeckt zu werden. Worin, das weiß sie selber nicht. Sie strengt sich nicht an, hat noch nicht mal Auslandserfahrung. Auch kein Ehrenamt, gar nichts! Ihr größter Traum ist es, auf einem Esel zu reiten. Weil sie eine Reportage über Wanderurlaub in den Cevennen gesehen hat und die Esel so niedlich fand.

Dabei könnte sie nicht mal sagen, wo die Cevennen liegen! Und sie hat einen Freund. Du wirst dir ja wohl keine Frau aussuchen, die bereits vergeben ist? Das hast du doch nicht nötig!« Plötzlich hatte Gabriel eine Idee: »Warum erschaffst du dir nicht eine nach deinem Geschmack?«

Aber Gott ließ sich nicht ablenken. »Erzähl weiter!«

»Sie sind seit einem halben Jahr zusammen«, fuhr Gabriel resigniert fort. »Er arbeitet als Tischler. Einmal schnitzte er ihr eine Blume aus Holz. ›Die welkt nie‹, hat er gesagt. Ihre Mutter fand das romantisch. Es müssen nicht alle studieren, meinte sie und Maria strahlte. Sie ist so gewöhnlich! Ich weiß nicht mal, ob sie gläubig ist. Ihr Freund, ja, der betet manchmal. Aber sie? Hat man noch nichts von gehört. Ich bitte dich. Die willst du doch wohl nicht?« Unsicher blickte Gabriel zu Gott dem Herrn. Ein Lächeln umspielte dessen Mund und Gabriel schwante nichts Gutes.

»Perfekt«, murmelte Gott. »Sie ist perfekt.« Fast könnte man meinen, er sei verliebt.

Er sollte aufpassen, dachte Gabriel. Er sollte wirklich aufpassen. Am Ende gerät das ganze schöne Bild von ihm ins Wanken.

Haare wie Linguini.

2

Herr Wohllieb wartet auf ein Zeichen

Als Herr Wohllieb am Dienstagmorgen erwachte, hatte sich ein großes Loch aufgetan. Unten rauschten die Lastwagen. Gegenüber schüttelte eine Frau ihren Teppich über den Köpfen der Fußgänger aus. Der Himmel war mittelgrau und die Leuchtreklame des Tabakladens blinkte unverdrossen. Es war Dezember. Alles war wie immer, nur dass plötzlich diese Frage vor ihm stand: »Was mache ich mit dem Rest meines Lebens?«

Sie war aufgetaucht, als Herr Wohllieb gründlich seine Zähne putzte und sich dabei routinemäßig im Spiegel betrachtete. Sein Haar hatte sich für einen angenehmen Silberton entschieden, der mit dem Eisblau des Pyjamas harmonierte, den er in allen geraden Wochen trug. (Für die ungeraden hatte er einen mintgrünen, eine, wie er fand, etwas gewagte Farbe. Aber nachts sah ihn ja niemand.)

Die Frage verschwand auch beim Frühstück nicht. Gegen Mittag machte er sich daran, die Badezimmerfugen zu reinigen, um sich zu zerstreuen, aber die Frage blieb. Groß und unüberhörbar stand sie im Raum und ließ sich nicht ignorieren. Herr Wohllieb wunderte sich, denn normalerweise neigte er keinesfalls zu Grübeleien. Im Gegenteil, er schätzte sich als ausgesprochen nüchternen und unkomplizierten Zeitgenossen, dessen einzige Exzentrik darin bestand, sonntags ein weiches Frühstücksei mit Orangenmarmelade zu essen. Über das Leben im Allgemeinen hatte er sich noch nie Gedanken gemacht.

Nach reiflicher Überlegung beschloss er, sich an Gott den Allmächtigen zu wenden. Auch wenn sie bisher noch nicht viel Kontakt miteinander hatten, nahm er an, dass er der richtige Ansprechpartner für derlei Dinge wäre. »Herr Gott«, begann er, strich über sein Haar und straffte den Rücken, denn dies war ein ernster Moment. Er räusperte sich und sprach in Richtung Zimmerdecke: »Was soll ich tun mit meinem Leben? Bitte sei so gut und gib mir ein Zeichen. Danke.« Er zögerte kurz und fügte noch hinzu: »Dein Bernd.« Dann wartete er. Nach einer halben Stunde ging er hinaus, um eine Packung Milch zu holen und ein halbes Pfund Gouda. Nachmittags erwog er, einen Mittagsschlaf zu halten, entschied sich dann aber dagegen, weil es ihm unhöflich erschien, zu schlafen, während man auf eine Antwort wartet. Aber Gott schwieg. »Merkwürdig«, murmelte Herr Wohllieb, denn er hatte mit einer raschen Reaktion gerechnet. Sein Fall lag ja nicht so kompliziert. »Ob er meine Nachricht nicht erhalten hat? Vielleicht ist er überlastet …« Er verwarf den Gedanken schnell. »Wie albern«, schalt er sich, »überlastet. Der Allmächtige!«

Nach eingehender Betrachtung entschied er, dass es nur einen einzigen Grund für Gottes Schweigen geben konnte: Der Herr dachte nach. Er, Gott der Allmächtige, wollte für ihn, Bernd Wohllieb, eine perfekte, eine wahrhaft vollkommene Antwort finden. Der Gedanke ließ ihn erröten. Sein Herz pochte schneller. Sollte er, Bernd Wohllieb, denn so wichtig sein? Das war doch nicht möglich! Er fuhr sich ein weiteres Mal durchs Haar und beschloss, eine Krawatte umzubinden. Dann machte er einen Spaziergang, bei dem er jedem Passanten freundlich zulächelte, denn auf keinen Fall wollte er, der offenkundig ein so bedeutender Mensch war, für hochnäsig gehalten werden. Ein Mütterchen und zwei Verliebte lächelten zurück und Herr Wohlliebs Laune hob sich.

Auch die folgenden Tage blieben Tage des Schweigens. Gott dachte nach, und Herr Wohllieb wollte ihn nicht stören. Sorgsam ging er mit sich um, hielt sich höflich die Tür auf und achtete darauf, nicht mit sich selbst zu schimpfen, wie er es häufig tat, wenn er »Ich Dussel« murmelte oder »Jetzt reiß dich aber zusammen!«. Wenn Gott der Herr ihn für so wichtig hielt, dass er bereits drei volle Tage über ihn nachdachte, dann sollte er es ihm nachtun und sich nicht für weniger wichtig halten. Am vierten Tag kaufte sich Herr Wohllieb einen neuen Hut und polierte das Messingschild an seiner Haustür. Am fünften Tag hielt er einen Schwatz mit dem Zeitungshändler, mit dem er tatsächlich noch nie ein Wort gewechselt hatte außer »Bitte«, »Danke« und »Auf Wiedersehen«. Doch nun hatte er einen Ruf zu verlieren. Er wollte sich mit jedem gut stellen.

Gott überlegte noch immer, und auch Herr Wohllieb begann, sich Zeit zu nehmen. Bisher war sein Leben von Effizienz geprägt. Den Frühstücksteller benutzte er ein zweites Mal und auf dem Tisch lag eine Plastikdecke, die man feucht abwischen konnte. Meistens jedoch aß er ohnehin im Stehen und bevorzugte Klappstullen. Wenn man mittelaltes Brot nahm, krümelten sie so gut wie gar nicht. Nun aber deckte er den Tisch und legte eine Serviette neben seinen Teller. Es waren Tannenzweige darauf gedruckt und er fragte sich, wann sie in seine Wohnung gelangt waren. Aufmerksam hörte er am Telefon den langatmigen Ausführungen seiner Schwester zu und selbst dem Tagesschausprecher lauschte er, bis er seine Nachrichten zu Ende verlesen hatte. Herr Wohllieb fand auf einmal, das war er ihnen schuldig. Gott den Herrn trieb er ja auch nicht an.

Je länger Gottes Schweigen dauerte, desto mehr Ehrfurcht empfand Herr Wohllieb. Er bemerkte kaum, wie die Jahre vergingen. Seine Haare wurden weiß und er verlor drei Zähne, die Lastwagen auf der Straße wurden größer und eines Morgens war die alte Leuchtreklame gegen eine moderne Schrift ausgetauscht. Manchmal fiel ihm seine Frage dieses fernen Dienstagmorgens wieder ein. Dann sagte sich Herr Wohllieb: »Gott denkt über mich nach.« Und das beruhigte ihn ungemein und es erfüllte ihn mit einer großen Wärme, weil er wusste, zwischen Gott und ihm, dem alten Herrn Wohllieb, gab es so etwas wie ein stilles Einvernehmen. Und das war Antwort genug.

Herr Wohlliebs neuer Hut.

3

Die Weihnachtskrippe

»Und das muss der kleine Clemens sein. Hallo, ich bin die Nadja!« Clemens findet sich überhaupt nicht klein, schließlich ist er letzte Woche vier geworden und deshalb findet er die Nadja schon mal doof. Aber Mama will mit Nadja reden. Wie viele Kinder denn in einer Gruppe sind, was es zum Mittagessen gibt und ob sie auch bei Regen rausgehen. Clemens würde viel lieber gucken, was es mit dem großen Elefanten auf sich hat, der ganz hinten am Fenster steht, und deshalb zerrt er ein bisschen an Mamas Hand. Aber Mamas Griff ist eisern. Keine Chance.

Ob sie denn auch Weihnachten und Ostern feiern, will Mama wissen. »Aber ja«, nickt Nadja eifrig. »Die religiöse Erziehung der Kinder ist uns sehr wichtig. Genauer gesagt: die interreligiöse Erziehung. Wir feiern zum Beispiel auch das Zuckerfest.« Clemens hat keine Ahnung, was interreligiös ist, aber Zuckerfest, findet er, das klingt schon mal gut. Dabei fällt ihm etwas ein und er nestelt in seiner Anoraktasche, bis er schließlich zufrieden einen zerdrückten Kinderriegel hervorzieht. Den hat Oma ihm zugesteckt. Weil man ja nie wisse, hat sie gesagt, was es in so einem Kindergarten zu essen gibt. Clemens mag Oma sehr. Oma kennt die besten Geschichten, auch die ganz gruseligen, die Mama nie erzählt. Außerdem haben sie beide genau den gleichen Geschmack. Zum Beispiel backt Oma einen Kuchen, der heißt Hundeschnauze. Da ist aber kein Hund drin, sondern ganz viel Schokolade. Deshalb schmeckt der so lecker. Clemens leckt sich die Lippen.

Nadja runzelt die Stirn. »Wir legen großen Wert auf gesunde Snacks. Und das Mittagessen ist vegan. Das ist gut für den Säure-Basen-Haushalt.« Nadja blickt stolz, als erwarte sie, dass ihr jemand auf die Schulter klopft. Aber Mama nickt nur etwas angespannt und Clemens beißt in seinen Schokoriegel.

»In der Adventszeit stellen wir jedes Jahr unsere schöne Krippe auf«, fährt Nadja fort und zeigt auf einen niedrigen Tisch mit Holzfiguren. »Damit sich die Kinder alles so richtig vorstellen können. Wir haben uns bewusst für unlackierte, wenig bearbeitete Figuren entschieden. Das regt die Fantasie der Kleinen an. Sie wurden von einem israelischen Künstler eigens für uns angefertigt.« Nadja guckt schon wieder stolz und Mama nickt zerstreut. »Zu Hause haben wir Playmobil …« »Benutzen wir gar nicht«, fällt Nadja ihr ins Wort. »Die grellen Farben, das unablässige Lachen …« Sie schüttelt bedenklich den Kopf, dass ihre Ohrringe nur so wackeln. Clemens versteht nicht, was an Lachen schlecht ist. Paps sagt immer »Lach doch mal«, wenn Mama mal wieder grummelt, und meistens klappt es.

»Kommen Sie, wir machen einen Rundgang. Clemens darf bei den Spielsachen bleiben. Willst du?« Er würde lieber raus, zu den anderen Kindern, aber dann beschließt er, sich erst mal den Elefanten anzuschauen. Der ist eine Enttäuschung. Man kann nicht auf ihm reiten und ein weiches Fell hat er auch nicht. Also geht er zu der Krippe hinüber. Er weiß genau, was eine Krippe ist. Paps hat es ihm erklärt. Da sind ein Mann und eine Frau, genau wie Mama und Paps. Und die kriegen ein Kind. Das hatten sie gar nicht geplant, so wie Clemens auch nicht geplant war. Erst dachten sie: »Hui, was machen wir denn jetzt?« Aber dann freuten sie sich sehr, weil ein Kind doch eigentlich etwas sehr Niedliches ist. Nur eine Wohnung hatten sie nicht, aber dafür fanden sie einen Stall und ganz viele Leute kamen zu Besuch und alle brachten Geschenke mit. Genau wie bei Cynthia, Clemens' kleiner Schwester. Als die geboren wurde, kamen auch lauter Leute und brachten Kuchen und Stofftiere und eine Decke mit Sternen und sogar ein Auto für Clemens. Und alle haben sich ganz doll gefreut. Aber diese Krippe ist komisch. Die Leute haben gar keine Gesichter, nicht mal einen Mund, sodass sie nicht lachen können. Selbst wenn sie wollten. Alle haben die Schultern komisch hochgezogen und scheinen auf den Boden zu starren. Ob ihnen etwas peinlich ist? Clemens guckt immer auf den Boden, wenn er sich ein bisschen schämt. Gerade letztens hat er Cynthia gekniffen, weil sie seinen Legoturm umgeworfen hat, an dem er zwei Nachmittage gebaut hat. Das war wirklich zum Mäusemelken! Da half es auch nichts, als Mama sagte, dass Cynthia das nicht mit Absicht gemacht hat. Warum tat sie es dann? Aber wofür sollten die hier sich schämen? Sie werden doch wohl kaum das Jesusbaby gekniffen haben, oder?!

Geschenke gibt es auch nicht. Nachdenklich nimmt Clemens eine Figur in seine Hand. Plötzlich kommt ihm ein Gedanke. Aber natürlich! Sie sind noch nicht fertig. Das ist es!

Als Mama wiederkommt, läuft er ihr stolz entgegen. Aber was ist mit Nadja? Ihr Gesicht ist auf einmal ganz weiß und sie guckt so, wie Opa guckt, wenn er eine Zitrone auslutscht. Er wusste ja gleich, dass sie sonderbar ist. »Die Krippe«, japst sie, »was hast du gemacht?« Clemens denkt, dass das jetzt aber wirklich eine blöde Frage ist. Das sieht man doch. »Ich habe ihnen Gesichter gemalt. Damit sie sich freuen können. Jetzt lachen alle«, stellt er befriedigt fest. Und dem Jesuskind hat er noch einen Schnuller gemalt, er weiß nämlich von Cynthia, wie schlimm es ist, wenn ihr der Schnuller fehlt. Dann weint sie und kann nicht schlafen. Der Schnuller ist ihm nicht ganz so gut gelungen, er sieht aus wie ein roter Fleck, fast könnte man meinen, das Jesuskind habe einen großen Kussmund. Aber alles in allem ist Clemens doch sehr zufrieden mit seinem Werk.

Mama atmet einmal tief durch, und dann nimmt sie seine Hand und sagt: »Komm, Clemens, wir gehen. Vielen Dank für die Führung. Und«, fügt sie hinzu, »Sie haben recht. Diese Figuren regen wirklich die Fantasie der Kinder an. Hervorragendes Konzept!«

Alle lachten.

4

Die Welt sieht schwarz

»Wir müssen Weihnachten reformieren.«

Der Engel schreckt aus seinem Schlaf. »Was? Wieso? Das ist doch gerade erst zweitausend Jahre alt.« Aus seiner Perspektive ist das ein Klacks. Er wüsste einiges, was man reformieren könnte. Seine Dienstkleidung zum Beispiel. Diese ewigen Flügel! Wenn es nach ihm ginge, könnte man gut darauf verzichten. Sie jucken und stauben und andauernd fliegen irgendwo Federn herum. Aber Weihnachten? Das mag doch jeder. Kerzen, Kekse und Geschenke. Selbst die hartgesottensten Skeptiker werden mild. Was so gut läuft, sollte man nicht ändern, findet der Engel. Aber Gott der Herr schaut mürrisch drein. Ein solcher Blick verheißt nichts Gutes, das weiß der Engel aus Erfahrung. Genauso hatte er geguckt, bevor er den riesigen Turm umstieß oder die Ägypter im Meer versenkte. Der Engel beschließt, auf der Hut zu sein, und setzt ein besonders interessiertes Gesicht auf.

»Die Menschen glauben nicht mehr daran«, fährt Gott der Herr fort. »Sie verstehen nicht, was diese ganze Geschichte mit dem Stall und der Heiligen Nacht soll. Wie auch? Dazu müsste mal Stille sein. Und Zeit. Und Dunkelheit. Aber wer hat das schon? Stattdessen setzen die Kleinen auf einen albernen Kerl im roten Mantel und die Großen auf Amazon.«

Wieder mal ist der Engel überrascht, wie gut der Allmächtige informiert ist. Man kann einiges an ihm kritisieren, seine unberechenbaren Wutanfälle zum Beispiel oder seine allzu hohen Ideale, aber er geht mit der Zeit. Das muss man ihm lassen. »Wir könnten eine Sintflut schicken, nur eine kleine, die beseitigt diesen Kram«, schlägt der Engel vor, denn er hat grundsätzlich eine Vorliebe für den kurzen Prozess. Der macht am wenigsten Arbeit und ist effektiv.

»Doch nicht an Weihnachten«, schnaubt Gott und schaut den Engel an, als sei er ein lausiger Anfänger. »Hast du denn gar nichts verstanden? Da wollen die Leute Liebe und Frieden und keine Katastrophen!« Der Engel hat in der Tat nur halbherzig mitgedacht. Er beeilt sich, einen weiteren Vorschlag zu unterbreiten: »Wie wäre es mit einem neuen Kind? Kinder gehen immer.« Dagegen lässt sich nun wirklich nichts sagen. Die Leute sind ganz verrückt nach glänzenden Äuglein und putzigen Kleidchen. Besonders an Weihnachten. Aber Gott scheint auch davon nicht überzeugt: »Und was mache ich nächstes Jahr? Ich kann mich doch nicht unendlich vervielfältigen. Da blickt ja kein Mensch mehr durch. Das mit dem Heiligen Geist kriegen sie schon nicht in ihre Köpfe. Übrigens: Wo steckt er schon wieder? Er soll mich inspirieren.« Der Engel zuckt mit den Schultern: »Du weißt doch, er weht, wo er will.« Gott der Herr nickt ergeben. Manchmal fragt er sich, ob hier eigentlich jeder macht, was er will. Er beschließt, sich später damit zu befassen. »Also weiter. Was fällt dir noch ein?« »Ein Wunder! Wie wäre es mit einem Wunder? Wunder mögen alle.« Aber Gott winkt müde ab. »Das haut auch keinen mehr vom Hocker. Seit es YouTube gibt, gelangen die tollsten Dinge in die Welt. Nichts, was es nicht schon gibt. Da kommen wir nicht gegen an.«

Der Engel reibt sich das Kinn und plustert seine Federn. Das tut er immer, wenn er nicht weiter weiß. Stille. Dunkelheit. Zeit. Woher nehmen, wenn nicht stehlen? Plötzlich springt er auf. »Aber natürlich. Stehlen. Wir stehlen ihnen den Strom!«

Gott der Herr sieht ihn verständnislos an. Der Strom, findet er, fällt nicht in sein Ressort. Keine schlechte Sache, aber er hat ihn nicht erfunden. Darum hat er sich bisher auch nicht um ihn gekümmert. Der Engel dagegen kann sich vor Begeisterung kaum halten: »Wir drehen ihnen den Strom ab. Naja, zumindest den Alltagsstrom, den, den keiner wirklich braucht. Die Krankenhäuser und die Fischfabriken, die lassen wir außen vor. Aber sonst? Die Fernseher haben Sendepause. Ihre Handys werden aufhören zu empfangen. Kein Onlinekalender lässt sich mehr abrufen und keine Ladenkasse scannt mehr überteuerte Sachen, die niemand braucht. Kein Weihnachtsmarkt plärrt »Last Christmas«, keine Glühweinwärmer, keine Lichterketten. Wenn alles dunkel ist, haben wir leichtes Spiel. Sie werden sich ein bisschen aufregen, aber dann werden sie nach den echten Kerzen suchen, sich in warme Decken wickeln, das Klavier aufklappen und sich an die alten Lieder erinnern. Du könntest die Sterne funkeln lassen und ein paar Käuzchen losschicken. Im Dunkel der Straßen werden sie sich an den Händen fassen, sie hätten Augen füreinander und keine Schaufensterauslage lenkte sie ab. Hauch ein paar Eisblumen an die Scheiben, wirf ihnen Haselnüsse vor die Füße. Sie werden sich an ihre Wünsche erinnern, die echten, die sie nicht bestellen können und die ihre Herzen warm machen, ganz ohne Heizstrahler. Hellhörig werden sie, wenn wir ihnen ins Ohr flüstern, dass wir da sind, der Himmel auf der Erde, in dieser Nacht.«

Der Engel strahlt. Gott auch. Er findet, das ist eine hervorragende Idee. Sie könnte direkt von ihm sein.

Und so kommt es, dass Gott der Herr, Lichtbringer von Anbeginn an, die Lampen löscht. Er unterbricht den ewig fließenden Strom der Nachrichten und Bilder, sodass die Welt schwarz sieht. Stille senkt sich über die Dächer, die Dunkelheit ist vollkommen. Und in dieser Dunkelheit findet sich Platz für einen neuen Anfang.

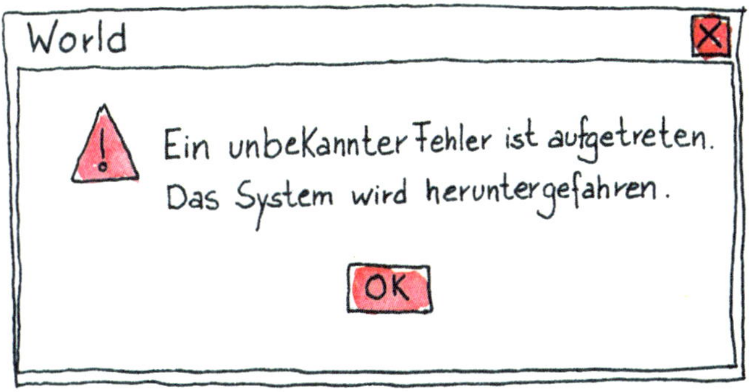

Das war der Anfang.

5

Das Licht im Fenster

Als ich vor einigen Jahren in die Stadt zog, fühlte ich mich verloren. Ich war es nicht gewohnt, zwischen so vielen Menschen zu leben, von denen niemand grüßt. Meine Wohnung lag im zweiten Stock. Unter mir lebte ein älterer Herr mit Hund, den ich manchmal auf der Straße sah. Neben mir gab es eine Wohngemeinschaft mit wechselnder Besetzung. Im ersten Jahr hängte ich zu Weihnachten einen Schokoladenstern an jede Tür. Ich schrieb einen kurzen Gruß dazu, aber als ich nie etwas darauf hörte, wiederholte ich es im nächsten Jahr nicht. Vor dem Haus verlief eine stark befahrene Straße. Abends staute sich der Verkehr, und manchmal stand ich am Fenster und konnte nicht umhin, die Lichter romantisch zu finden, obwohl es doch nur Autos waren.

Mit der Zeit lernte ich das Viertel kennen. Ich wurde Stammgast in dem portugiesischen Café an der Ecke und der Mann im Getränkeladen hielt öfter einen kleinen Plausch mit mir. Ich mochte den Park mit seinen fußballspielenden Jungs und abends gewöhnte ich es mir an, die paar Meter hinunter zur Elbe zu gehen.

Dann kam der Winter. Die blaue Stunde tauchte die Häuserfassaden in unwirkliches Licht. An einem dieser Abende bemerkte ich zum ersten Mal die Kerze. Sie stand im gegenüberliegenden Fenster im dritten Stock. Ich weiß nicht, warum ich sie bis dahin nie wahrgenommen hatte, denn gebrannt haben musste sie auch vorher schon. Ich mochte es, hinüberzugucken wie in ein Puppenhaus. Fremde Menschen bewegten sich in kleinen Zimmern. Sie sahen fern oder versammelten sich um einen Tisch zum Abendbrot. Manche schienen zu streiten und eine Frau begann immer um sechs Uhr zu bügeln. Die wenigsten hatten Vorhänge, sodass es wie ein lebendiges Gemälde aussah.

Die Kerze brannte den ganzen Abend, manchmal flackerte sie einen Augenblick, als wollte sie zeigen, dass sie echt ist und keine von diesen elektrischen Lichterketten, von denen es auch einige in der Straße gab. Ich ging zu Bett, und es hatte etwas Beruhigendes zu wissen, dass die Kerze weiterhin brannte, auch in der Nacht. Eines Abends sah ich, wie eine alte Frau sie anzündete. Sie benutzte ein Streichholz. Ihr Haar war schlohweiß und sie hatte sich eine Art Stola oder einen Schal um die Schultern gelegt. Die Kerze brannte stets länger, als ich wach war. Dabei spielte es keine Rolle, ob ich schon um zehn zu Bett ging oder erst nach Mitternacht. Sie erinnerte mich an das Nachtlicht aus Kindertagen, das meine Mutter immer in die Steckdose steckte, damit wir uns nicht fürchteten vor den Monstern der Dunkelheit.

Als der Frühling kam, hörte die alte Frau nicht auf, die Kerze zu entzünden. Sie tat es nur später. Immer wenn die Dämmerung kam. Ich wurde neugierig. Warum tat sie das? Und hatte sie keine Angst vor einem Brand? Denn irgendwann musste die alte Frau schließlich auch schlafen. Einmal stellte ich den Wecker auf halb vier, nur um zu sehen, ob die Kerze tatsächlich noch brannte. Sie tat es. Es war das einzige Licht weit und breit. Ich bemerkte, wie ich begann, abends nach der Flamme zu schauen. Dann ging ich beruhigt ins Bett. Es war ein Gefühl, als passte jemand auf mich auf.

Schließlich kam der Tag, an dem ich all meinen Mut zusammennahm. Es war der letzte Sonntag vor dem Weihnachtsfest, der vierte Advent. Ich legte einige meiner selbstgebackenen Kekse in eine schöne Schachtel, zog meine Strickjacke über und ging hinüber zu ihrem Haus. Dort studierte ich die Namensschilder und als ich kombiniert hatte, welches zu ihrer Etage gehören musste, klingelte ich. Der Summer ging. Ich stieg die Treppe hoch, und da stand sie: Die alte Frau aus dem Fenster. Etwas verlegen erklärte ich ihr, dass ich seit fast einem Jahr die Kerze in ihrem Fenster sähe und mich darüber freute, aber mich auch fragte, was es für eine Bewandtnis damit habe. Sie bat mich hinein.

Sie musste sehr alt sein. Ihr Haar war schlohweiß und ihr Gang war der Gang alter Leute, die bereits ein paar Zentimeter geschrumpft sind. Aber sie hatte ein reizendes Lächeln und kochte uns Tee. Von den Keksen kostete sie sofort. Ja, sagte sie dann, die Kerze sei für ihren Mann. Und dann begann sie, ihre Geschichte zu erzählen.

Sie war von Amrum. Dort hatte sie als junges Mädchen ihren Mann kennengelernt. Er war Walfänger, einer der letzten, die es zu der Zeit noch gab. Ihr Vater warnte sie, dass es kein leichtes Leben werden würde mit einem Mann, der ein halbes Jahr auf See war, irgendwo zwischen den Lofoten und Spitzbergen im Eismeer. Aber sie hatte ihr Herz verschenkt. Und so heirateten die beiden. Er war ein stattlicher Bursche, erzählte sie, groß und blond, mit kräftigen Armen von der Arbeit an Bord. Er liebte die See und jedes Mal, wenn er zurückkehrte, erzählte er ihr Geschichten von Meerjungfrauen und Polarlichtern, deren gespenstisches Grün in den langen Nächten über die Wellenkämme flackerte. Er hatte keine Angst vor dem Meer, und sie vertraute ihm, obwohl sie natürlich wusste, dass fast jede Familie schon einen Mann an die See verloren hatte. Es gab einen Brauch, erzählte sie mir, in den ersten Herbstnächten eine Kerze ins Fenster zu stellen, damit die

Männer nach Hause fanden. Denn es gab ja noch keinen Strom auf der Insel.

Dann kam das Jahr, in dem die Herbststürme früher begannen als sonst. Die Wellen standen meterhoch, und noch längst waren nicht alle Schiffe zurück. Der Oktober kam und ein viel zu früher Winter begann. Die See fror zu, Eisschollen türmten sich am Strand und der Ostwind biss in die Wangen. Bis in den April hinein lag Schnee und erst Anfang Mai wagten die ersten Narzissen, ihre Köpfe herauszustrecken. Noch immer kein Boot. Der Sommer kam, und schließlich wurde es wieder Herbst. Die junge Frau zündete nach wie vor jeden Abend ihre Kerze an, damit ihr Liebster heim fände. Ein weiteres Jahr endete. Die anderen Frauen hatten längst ihre Witwentracht angelegt. Sie weigerte sich. Er wird kommen, sagte sie fest. Die Jahre vergingen. Such dir einen neuen Mann, kann man nichts machen, rieten die Leute, das Leben muss weitergehen. Auch wegen der Kinder. Die brauchen einen Vater. Und sie war doch noch jung genug. Aber sie sagte nur: Ich habe einen Mann.

Irgendwann ging sie nach Hamburg. Die Kinder begannen zu studieren, sie gründeten Familien und die alte Frau bekam Enkel. Später auch Urenkel.

»Und seitdem«, fragte ich ehrfürchtig, »brennt die Kerze?« Die alte Frau nickte. »In dieser großen Stadt wäre er doch verloren! Aber so kann er mich finden, wenn er nach Hause kommt.« Und dann lächelte sie. Wie ein junges Mädchen, dachte ich.

Abends zündete sie
die Kerze an.

6

Eine Rose vom Nikolaus

Julius liebt Mona, und weil er ein alter Romantiker ist, will er ihr eine Rose schenken, denn es ist Nikolaustag. Am Nikolaustag tut man solche Dinge, auch wenn man kein Kind mehr ist und nicht an bärtige Männer glaubt. Dafür ist die Rose rot wie ein Nikolausmantel. Julius ist sehr stolz auf seine Wahl. Er ist extra früh aufgestanden, um der Erste im Blumenladen zu sein. Kurz hatte er überlegt, ob er auch noch Brötchen kaufen sollte, aber dann wäre ja die Rose keine Überraschung mehr gewesen, sondern nur ein Mitbringsel, also ließ er es bleiben. Er würde sie ihr einfach in den Briefkasten stecken und warten, bis sie anruft.

Als er jedoch in Monas Straße einbiegt, sieht er Jens. Er redet mit Mona, und sie stehen ziemlich dicht beieinander. Julius fragt sich, was Jens um diese Zeit vor Monas Haustür tut, und kommt zu dem Schluss, dass das ja wohl nur eines bedeuten kann. Jens. Damit hätte er nicht gerechnet. Und wie sie lachen! Julius dreht sich um und läuft davon, auf keinen Fall sollen sie ihn sehen. Weil er nicht weiß, wohin mit der doofen Rose, legt er sie einfach auf das nächstbeste parkende Auto. Es ist ein Clio.

Der Clio gehört Frau B. Frau B. hat ihr ganzes Leben noch keine Rose geschenkt bekommen. Als sie eine halbe Stunde später zur Arbeit fahren will, sieht sie die Blume und weiß nicht, wie sie sich verhalten soll. Das muss ein Irrtum sein. Frau B. kennt keinen, der ihr eine Rose schenken würde. Sie wiegt 117 Kilo und hatte noch nie einen Freund. Irgendwann wurde ihr klar, dass sie sich zwischen einem Mann und ihrer Liebe zu Frittiertem und Gezuckerten entscheiden muss, und auch wenn die erste Möglichkeit sie reizte, konnte sie sich ein Leben ohne die zweite nicht vorstellen. Mittlerweile hat sie sich damit abgefunden. (Dass diese Ausschließlichkeit etwas voreilig war, weil es im gesamten Universum eventuell ein männliches Gegenüber mit ähnlichen Vorlieben geben könnte, kam ihr bisher nicht in den Sinn.) Aber sie kennt die Nummern des Pizzamanns und des Chinamanns, und das ist auch nicht schlecht. Frau B. greift also nach der Rose und denkt: Bestimmt will mich jemand veralbern. Weil das kein schöner Gedanke ist, legt sie die Blume auf die niedrige Mauer, die den Garten ihres Mietshauses umsäumt, steigt in ihren (etwas zu kleinen) Clio und fährt davon.

Dort findet sie Fred. Hocherfreut nimmt er die Rose an sich und beschließt, sie Constanze zu schenken, die seit sechs Wochen seine Freundin ist. Fred hat im Gegensatz zu Frau B. schon viele Freundinnen gehabt und gilt daher als etwas unstet. Doch bei Constanze ist alles anders, und deshalb ist Fred willens, sich von Grund auf zu ändern und ihr mit jeder Faser seines Herzens zu zeigen, dass er es ernst mit ihr meint. Unüberlegterweise erzählt er Constanze, wie er zu der Rose gekommen ist (oder besser: wie sie zu ihm gekommen ist). Constanze findet das wider Erwarten nicht lustig, sondern ziemlich empörend, weil er zugibt, dass er die Rose nicht eigens für sie gekauft, sondern sie nur zufällig gefunden hat. Fred versteht den Unterschied nicht und Constanze faucht, da könne sie ja von Glück sagen, dass er keine Bananenschale gefunden hat. Fred findet das albern und auch ein bisschen ungerecht, denn schließlich hat er beim Anblick der Rose ja sofort an Constanze gedacht, was Constanze allerdings auch nicht beruhigt, sondern noch wütender macht. An wen er denn bitteschön sonst hätte denken wollen? Fred ahnt, dass dies kein entspannter Nachmittag wird, und beschließt, sich zu verabschieden und ein anderes Mal wiederzukommen, was Constanze zur Weißglut bringt, weil das typisch Mann ist, einfach wegzulaufen. Sie nimmt die Rose und stürmt schnurstracks nach draußen zur Biotonne, wo sie sie entsorgt.

Weil es sich jedoch um einen Mittwoch handelt und mittwochs immer die Biomülltonne geleert wird, ist selbige so voll, dass der Deckel sich nicht mehr schließen lässt. Die Rose schwankt einen Moment und fällt schließlich neben die Tonne, was Constanze nicht mehr sieht, weil sie längst zurück ins Haus gelaufen ist. Somit bleibt die Rose vor der Biotonne liegen, und mit etwas Pech wäre sie überrollt worden, denn nur eine halbe Stunde später kommt die Müllabfuhr. Doch zuvor geschieht etwas anderes.

Nele findet die Rose auf der Erde liegend, hebt sie auf und riecht daran. Nele ist drei und sollte wissen, dass sie a) keine Dinge von der Erde aufheben soll und b) nichts anfassen darf, was im Müll liegt. Nele kann sich diese Regel schlecht merken, weil es so viele interessante Dinge auf der Erde und auch im Müll gibt. Also zeigt sie die Rose ihrer Mutter und sagt: »Guck mal, wie die riecht!«, was natürlich nicht möglich ist, weil man ja nicht sehen kann, wie etwas riecht. Aber das weiß Nele noch nicht und ihre Mutter will sich nicht mit derlei Feinheiten aufhalten, sondern wissen, woher Nele die Rose hat. Nele zeigt in Richtung Biotonne (a), neben der allerdings auch noch (b) ein Fahrrad mit Korb und (c) ein Kinderwagen steht. Neles Mutter entscheidet sich für (b) und legt die Rose in den Fahrradkorb, ohne darüber nachzudenken, dass ihr Töchterchen niemals hätte an diesen Fahrradkorb gelangen können. Aber auch das tut jetzt nichts zur Sache, denn die beiden sind in Eile, weil in genau drei Minuten die Kindermalgruppe beginnt, zu der sie wieder mal zu spät kommen werden.

Der Fahrradkorb gehört Mona und das zugehörige Fahrrad auch. Als sie zwei Stunden später aus dem Haus kommt, in dem sie zusammen mit Jens und zwei weiteren Kommilitonen für eine schwierige Prüfung gelernt hat, und völlig erschöpft ist, weil sie bereits um acht Uhr in der Früh angefangen haben, sieht sie die Rose und ihr Gesicht hellt sich auf. Sie denkt an Julius. Was ist sie für ein Glückspilz, dass sie so einen Freund hat, der ihr am Nikolaustag eine Rose schenkt! Denn natürlich steht es außer Frage, dass diese Rose von Julius ist, der extra hierhergeradelt ist, um ihr zum Nikolaus eine Freude zu machen. Und deshalb holt sie an Ort und Stelle ihr Handy heraus, um Julius anzurufen und zu sagen: »Ich liebe dich, mein Schatz. Danke für die Rose!« Julius, am anderen Ende der Leitung, hat keine Ahnung, wie ihm geschieht, und wie sich das alles zugetragen haben kann, aber so ist das wohl bei den meisten Happy Ends: Das Glück sucht sich eine Lücke und auf einmal ist es da.

GLÜCKEN

Manchmal findet das Glück eine Lücke.

7

Jesus klingelt

Es ist Mittwoch vor Weihnachten. Elisabeth betritt mit nackten Füßen die Küche. Sie schaut zur Uhr und bemerkt, dass die Zeit stehen geblieben ist. Die Zeiger verharren. Kein Ticken. Es ist ganz still. Elisabeth setzt sich auf einen Stuhl und ist auf einmal sehr müde. Sie hat frei. Heute hat sie frei. Das macht sie immer so, weil der Advent ein einziges Vorbereiten ist. Geschenke suchen, Kekse backen, ins Weihnachtskonzert gehen, und irgendwann will sie ja auch noch andächtig sein. Deshalb hat sie vor Jahren beschlossen, einen Tag nur sich selbst zu gönnen. Keine Aufgaben, keine Verpflichtungen. Gestern noch stellte sie sich vor, gleich morgens ein Rosenholzbad zu nehmen. Und in der Wanne den ersten Kaffee zu trinken. Was für ein Luxus! Aber merkwürdigerweise fehlt ihr jetzt die Lust. Sie sieht die moosgrünen Schränke, die sie schon so lange austauschen will. Sie träumt von einer Küche aus Buchenholz, in der die Wärme eines Spätsommerabends hängt. Wo sie Ravioli mit Frischkäse füllt und am Tisch sitzen die Freunde und lachen. Wie im Fernsehen. Ihr Blick bleibt an den Wänden hängen und sie bemerkt, wie vergilbt das Weiß schon ist. Sie schaut durch das Fenster. Auch das Fenster ist matt von unzähligen getrockneten Regentropfen.

Elisabeth wartet und weiß nicht, worauf. Nur unglückliche Menschen warten, denkt sie, glückliche Menschen haben etwas vor, sie schreiben Einkaufslisten und überlegen, am Wochenende ein Huhn zu braten, sie telefonieren mit der Mutter oder gehen mit den Kindern in den Zoo, und die Kinder sind blond und heißen Finn und Lea. Glückliche Menschen steigen in Straßenbahnen oder Autos, sie haben ein Ziel, dem sie entgegeneilen, jemand erwartet ihr Kommen, und wenn sie sich verspäten, dann lachen sie über einen verrückten Straßenbahnschaffner oder über ein Papier, das ihnen zugeweht ist und auf dem Worte zu lesen sind, die wie eine Botschaft klingen, und dann planen sie einen Urlaub, ein Fest oder ein Kind.

Da klingelt es an der Tür. Elisabeth schaut hoch. Erst will sie nicht aufmachen, denn sie trägt ja nur ihren Morgenmantel und die Zähne hat sie auch noch nicht geputzt. Aber dann geht sie doch. Vielleicht ist es der Postmann mit einem Paket.

Sie öffnet die Tür und Jesus steht da.

»Hallo«, sagt er, »ich bin's.« Er sieht ein bisschen verlegen aus.

»Oh.« Mehr fällt Elisabeth nicht ein. »Aber«, stammelt sie, »es ist doch noch gar nicht Weihnachten.«

»Ich bin inkognito hier. Mir geht der Rummel auf die Nerven. Die ganzen Lieder. Die Kerzen. Überall ›Stille Nacht‹. Ich muss mal verschnaufen. Darf ich reinkommen?«

»Ja. Sicher. Bitte.« Sie weiß nicht so recht, wohin mit ihm, also führt sie ihn in die Küche. »Entschuldige, hier ist nicht aufgeräumt. Ich habe heute nämlich meinen Pausentag.«

»Pause? Wovon?«

»Von den Weihnachtsvorbereitungen.«

»Ach«, sagt er und setzt sich. Sie schaltet den Wasserkocher ein. »Was bereitest du denn so vor?«

»Tja, bisher habe ich fünf Dosen Kekse gebacken, elf Geschenke besorgt, die selbst gebastelten nicht eingerechnet, drei Briefe und zwölf Karten geschrieben, einen Mistelzweig aufgehängt und zweiundfünfzig Strohsterne gebastelt, von denen zwanzig erst halb fertig sind. Das Weihnachtsoratorium habe ich nur zur Hälfte gehört, dann bin ich eingeschlafen. Jetzt muss ich noch den Baum schmücken, Essen kaufen und sauber machen.«

»Oh!« Er sieht sie erstaunt an. »Das ist wirklich viel.«

»Wem sagst du das! Willst du Kaffee?«

»Gern, danke.«

»Was machst du denn so zu Weihnachten?«

Jesus nippt an seiner Tasse. »Nicht so viel. Ich bringe Frieden.«

»Richtig«, nickt Elisabeth. »Die alte Geschichte. Klappt aber nicht so gut, oder?«

Nachdenklich wiegt er den Kopf. »Ich habe jedenfalls genug davon.«

»Warum verteilst du dann nicht mehr Frieden?«

»Ich bringe ihn jedem einzelnen Herzen.«

»Ach.«

»Ja.«

Schweigen. Dann wendet sie ein: »Aber Streit gibt es trotzdem. Unzufriedenheit. Rastlosigkeit.«

»Wenn ein Herz zu ist, nützt es nichts. Dann komme ich nicht rein. Das ist wie eine geschlossene Tür. Ich kann mein Geschenk nur davor ablegen.«

»Oh. Das muss frustrierend sein.«

»Ich habe mir Langmut angewöhnt. Ich mache das ja schon seit zweitausend Jahren.«

Elisabeth knabbert an einem Keks und sinnt darüber nach. Dann fragt sie: »Und du? Wünschst du dir was?«

»Liebe.«

»Du?«

»Ja.«

»Aber – du bist doch die Liebe!«

»Die Liebe will geliebt werden. Sonst ist sie nicht ganz.«

»Das klingt kompliziert.«

»Gar nicht. Ich war mal auf so einem Fest. Es war ein bisschen langweilig, lauter so Wichtige-Leute-Gespräche. Da kam plötzlich eine Frau herein. Sie trug ein Fläschchen mit Öl. Du weißt schon, so ein Duftöl, ein sehr teures. Man sah, dass diese Frau überhaupt nicht hierherpasste zwischen all die feinen Gäste. Aber sie ging geradewegs auf mich zu, und dann nahm sie meinen Kopf in ihre Hände und salbte ihn mit dem Öl. Ich weiß nicht, warum sie das tat. Die meisten wollen was von mir. Sie wollte nichts. Es war das Schönste, was ich je erlebt habe.«

»Tatsächlich?« Elisabeth schaut ihn neugierig an. Wie er da sitzt vor dem Berg aus Mandelmakronen und halb fertigen Strohsternen. Ein Mann mit Augenringen und grünem Kapuzenshirt. Sie hat noch nie darüber nachgedacht, wie Jesus wohl aussieht, außer, dass er auf den meisten Bildern einen Bart trägt. Sie mag keine Bärte.

Er nickt. »Ich will lieben und geliebt werden.«

Genau wie sie.

»Weißt du was?«, fragt sie plötzlich und macht eine einladende Geste. »Bleib doch hier. Wir tun einfach gar nichts. Das wird unser Tag.«

Und so wurde Weihnachten in Elisabeths Küche.

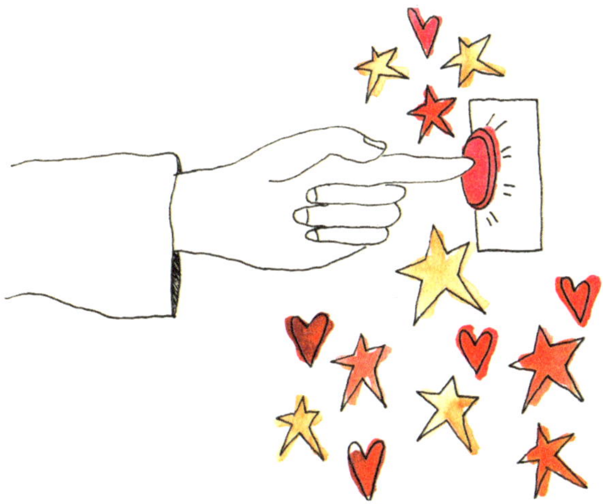

Hallo. Ich bin's!

8

Marianne empfängt

Marianne empfängt. Marianne empfängt Botschaften, die andere nicht empfangen. Sie war schon im Krankenhaus deswegen oder vielleicht war es auch ein Gefängnis, Marianne kann sich nicht mehr so genau daran erinnern. Jedenfalls konnte man nicht raus, nur in den Garten, wo im Februar die Wiese weiß war vor Schneeglöckchen, bis zur Mauer. Marianne bekam Tabletten und nach einer Zeit konnte sie wieder zurück in ihre alte Wohnung. Die Stimmen schwiegen, und auf einmal war es sehr leer in den beiden Zimmern, weswegen Marianne lieber auf die Tabletten verzichtete. Sie wollte wieder etwas hören. Die anderen sagten, sie könne gar nichts hören, weil da ja nichts ist, was man hören kann. Marianne lächelte nachsichtig. Sie taten ihr leid und sie wollte sie auch nicht beschämen, da ihnen doch so offensichtlich ein Sinn fehlte.

Jetzt lebt Marianne in einem Haus, das den Namen Friedensruh trägt, aber das ist Betrug, denn es ist weder ruhig noch friedlich dort. Es ist ein Haus für Übriggebliebene. Für jene, die nicht reinpassen in diese Welt.

Auf Mariannes Etage wohnt auch Egon. Niemand weiß, woher Egon kommt, nur dass Egon wahnsinnig viel zu essen braucht, das wissen alle. Und dass er sehr wütend werden kann, wenn jemand ihm sein Essen kürzen will. Einmal hat er einen Tisch umgeworfen, mitsamt allem Geschirr darauf, und der Salzstreuer kullerte über den Boden. Seitdem darf Egon in Frieden essen und dicker und dicker werden.

Neben Egon wohnt Karl, aber Karl taucht nicht oft auf. Meistens betrachtet er seine Fensterbank, auf der eine Sammlung von Dingen steht. Ein Monchichi zum Beispiel und drei Schachteln Streichhölzer, auch eine leere Coladose und ein ausgestopfter Fisch. Die Dinge haben eine geheimnisvolle Ordnung, die nur Karl kennt. Einmal wollte eine neue Betreuerin Staub wischen und schob die Coladose zur Seite, da fing Karl zu zittern an, so stark, dass alle dachten, es sei ein epileptischer Anfall. Aber als die Betreuerin die Dose erschreckt wieder an ihren Platz stellte, beruhigte er sich sofort. Staub wischt seitdem niemand mehr.

Gegenüber wohnt Leonore. Sie trinkt heimlich, obwohl das jeder weiß. Leonore hat sechsundzwanzig Jahre Therapie hinter sich und immer noch einen unbändigen Durst auf Genever, von dem sie täglich eine Flasche leert. Niemand weiß, woher sie das Geld dafür hat, aber da Leonore sonst keinen stört, lässt man sie gewähren.

Dann gibt es noch Irma. Irma kommt aus Russland oder von noch weiter weg. Meistens vergessen die anderen Irma, weil Irma ohnehin nicht redet, sondern nur weint. Sie weint den ganzen Tag. Niemand kann sich daran erinnern, sie jemals ohne die rotgeriebenen Augen gesehen zu haben, und nach ein paar anfänglichen Tröstungsversuchen nehmen alle ihr Schluchzen als Grundgeräusch des täglichen Lebens hin.

Eines Morgens sagt Marianne: »Ich bin schwanger.« Frau B. verdreht die Augen. Sie ist Betreuerin und hat schon eine Menge gehört. »Woher willst du das wissen?« Marianne antwortet: »Ich weiß es.« Nun bekommt Marianne seit Jahren zu ihren täglichen Tabletten auch die Antibabypille und außerdem kann sich niemand vorstellen, mit welchem Mann sie ein Baby gemacht haben sollte. »Das Kind ist von Gott«, erklärt Marianne und Frau B. sagt »Ja, ja«. Aber Mariannes Bauch wird runder und irgendwann wird auch Frau B. klar, dass es sich hier nicht um Einbildung handeln kann.

Es werden Besprechungen einberufen. Man werde Pflegeeltern finden, versichern sie Marianne. Das Kleine werde es gut haben. Marianne solle sich keine Sorgen machen.

Aber Marianne schüttelt den Kopf. »Es wird Joel heißen.« »Wieso Joel?« »Weil Gott das gesagt hat.« »Marianne«, seufzt Frau B., »Gott spricht nicht. Was Sie da hören, ist in Ihrem Kopf.« »Und wenn Gott in meinem Kopf sitzt?«

Als Joel geboren wird, ist niemand da. Er kommt in der Nacht. Vier Wochen zu früh bringt Marianne ihn still und zügig in der Dunkelheit ihres Zimmers zur Welt. Als Frau B. drei Stunden später zur Frühschicht kommt, empfängt Marianne sie mit einem Neugeborenen im Arm, das sie sorgfältig in ihren Kopfkissenbezug gewickelt hat.

Frau B. beruft eine Dienstbesprechung ein. Alle finden, dass Marianne nicht in der Verfassung ist, ein Kind aufzuziehen, auch ist dieses Haus kein Ort für ein Kind. Aber keiner will es Marianne sagen, denn sie macht nicht den Eindruck, als würde sie Joel freiwillig hergeben. Überhaupt macht sie einen ungewöhnlich klaren Eindruck.

Während im Büro die Verantwortlichen beraten, besucht Egon Joel. Er trägt ihn auf seinem dicken Arm, der warm und weich ist wie ein Kissen. Als Joel einschläft, lächelt Egon.

Am dritten Tag steht auch Karl im Türrahmen. »Hier«, sagt er, und seine Stimme zittert ein bisschen. Er hält Joel den Monchichi hin. »Zum Spielen.« Marianne lächelt wie eine Heilige. Seitdem bringt er alle zwei, drei Tage etwas Neues. Bis die Fensterbank leer ist und er einfach nur noch selbst kommt.

Leonore erscheint am Sonntag. Sie hält Joel in die Höhe, sagt »Properes Kerlchen« und riecht nach Schnaps.

Da baut sich Marianne vor ihr auf. »Kein Schnaps hier. Das Kind wird betrunken von deinem Atem.« Und obwohl Leonore weiß, dass das Unsinn ist, und obwohl sie sich sonst ungern etwas vorschreiben lässt, fügt sie sich. Seitdem besucht sie Joel mittags und trinkt den Genever erst danach. Und weil die Zeit jetzt nicht mehr für eine ganze Flasche reicht, begnügt sie sich mit drei bis vier Gläsern, was ihrem Teint und ihrer Seele guttut.

Das eigentliche Wunder aber ist Irma. Eines Tages schenkt Joel Irma sein erstes Lächeln. Ausgerechnet Irma. »Er lächelt«, ruft Marianne und zeigt auf den winzigen Himbeermund. Irma wird rot und will Joel schnell zurücklegen, aber Marianne drückt ihn ihr erneut an die Brust. Joel strahlt und plötzlich leuchtet auch Irmas Gesicht, wie es niemand je für möglich gehalten hätte. Der siebenundzwanzigjährige Fluss ihrer Tränen versiegt, denn lachen und weinen kann niemand gleichzeitig, jedenfalls nicht auf Dauer.

Und so wird Joel für Irma zum Retter und auch für Karl, Leonore, Egon und nicht zuletzt für Marianne, noch bevor er auch nur ein einziges Wort sagen kann. Aber vielleicht spielt das auch gar nicht eine so große Rolle, wie man immer glaubt.

Sein Leben endet bereits Anfang dreißig, sodass man es nicht lang nennen kann. Aber man darf annehmen, dass es glücklich war, jedenfalls hat man nichts Gegenteiliges gehört.

Marianne empfängt.

9

Der Wunschbaum

Es ist der vierte Advent und jetzt sitzt sie also hier, mit einer Kiste voller Weihnachtsschmuck, aber ohne Mann. Was macht man mit fünfundzwanzig roten und ebenso vielen goldenen Kugeln, wenn man niemanden hat, für den man sie aufhängen kann? Denn wozu soll sie einen Weihnachtsbaum schmücken, wenn doch Hermann, mit dem sie sechsunddreißig Weihnachtsabende verbracht hat, mit einer viel zu vollbusigen, viel zu jungen Frau an der Costa Smeralda sitzt? (Sie hat ein Bild von ihr auf Facebook gesehen. Im roten Bikini klebte sie auf seinem

Schoß und verdeckte seinen Bauch.) »Ach Mama«, versuchte ihre Tochter zu trösten, als sie ihr wutentbrannt davon erzählte. »Was brauchst du in deinem Alter noch Männer? Du kommst doch gut allein zurecht.« »Und wie soll ich Weihnachten feiern?«, entgegnete sie. »Es ist ja keiner da!« »Geh doch in die Kirche«, antwortete ihre Tochter und klang, als sei sie in Eile. »Das gefiel dir früher doch auch …« Früher hatte ich auch zwei Kleinkinder, die das Krippenspiel liebten, wollte sie erwidern, aber da hatte ihre Tochter schon aufgelegt.

Berta schnauft. Kirche! Die alten Männer angeln sich junge Dinger und was bleibt für die alten Frauen? Die Kirche. Ha! Dass ich nicht lache! Ihr graust bei dem Gedanken, zu einer dieser Veranstaltungen zu gehen, die in ihrer Gemeinde angeboten werden. »Weihnachten für Einsame«. Da kann man sich ja gleich einen Aufkleber an die Brust pinnen: »Ich bin gescheitert.« Nein, so etwas kommt für sie nicht in Frage. Sie will sich nicht arrangieren mit ihrem Unglück. »Ich will einen Mann«, sagt Berta und hört sich selbst erstaunt zu. Aber da sie es nun einmal ausgesprochen hat, merkt sie, dass es stimmt. Sie will mit vierundsechzig noch nicht liebesberentet sein. Dann fange ich eben noch einmal an, denkt sie trotzig und packt die Kugeln zurück in die Kiste. Sie müssen weg, die alten Kugeln und der restliche Klimbim, die Sterne und die Rauschgoldengel, und die Muranoglasanhänger, die ihr Herman damals von seiner Italienreise mitgebracht hatte, erst recht. Berta denkt einen Moment nach. Zum Wegwerfen sind sie zu schade. Sie könnte die ganze Kiste auf den Markt stellen, das machen neuerdings viele so. Irgendwer nimmt immer etwas mit. Keuchend hievt sie alles die Treppe runter und schleppt die Kiste durch die Straßen, bis sie schließlich auf dem Marktplatz vor der großen Tanne steht. Stimmt, denkt sie, hier steht ja auch ein Weihnachtsbaum. Kahl sieht er aus mit seiner nackten Lichterkette. Berta hat sich schon immer gefragt, warum die Stadt zwar das Geld für einen Weihnachtsbaum aufbringt, es dann aber versäumt, ihn vernünftig zu schmücken. Einen Moment erwägt sie, ihn selbst zu schmücken, aber dann fällt ihr etwas Besseres ein. Sie zieht einen roten Pappstern aus dem Karton, kramt in ihrer Handtasche nach einem Stift und schreibt in großen Buchstaben »Ich wünsche mir einen Mann«. Dann hängt sie den Stern an den Baum und betrachtet zufrieden ihr Werk. Den Rest lässt sie stehen und geht nach Hause.

In dieser Nacht schläft sie zum ersten Mal seit Monaten traumlos und gut. Am nächsten Tag putzt sie die Wohnung, Mittwoch fährt sie zu einer alten Freundin aufs Land und als sie Donnerstag einkaufen geht, hat sie den Baum und ihren Stern längst vergessen. Als sie mit ihrer Einkaufstasche zum Markt kommt, traut sie ihren Augen nicht. Der Baum! Er ist über und über mit Zetteln behängt. Es gibt ausgeschnittene Sterne in rot und gelb und pink und irgendjemand hat sogar eine Krone gebastelt. Auf den Sternen haben Leute ihre Wünsche hinterlassen. Genau wie sie. »Ich wünsche mir ein Pferd«, liest

Berta. Darunter hat ein anderer geschrieben: »Ich habe ein Pferd. Wenn du willst, kannst du bei mir reiten.« Daneben steht eine Telefonnummer. Wie nett, denkt Berta und greift nach einem weiteren Zettel: »Ich möchte einmal eine Weihnachtsgans probieren. Aber sie ist zu teuer.« Übermütig holt Berta ihren Stift heraus. »Wenn es weiter nichts ist: Kommen Sie zu mir.« Und auch sie notiert ihre Nummer daneben. »Ich wünsche mir eine Oma«, liest sie, und: »Ich bin eine Oma. Wollen wir uns treffen?« »Ich spiele so gern Rommé. Aber meine Mitspieler sind alle schon tot. Ich wünsche mir neue Freunde.« Drei Namen stehen bereits darunter. Es gibt Wünsche nach Fahrrädern, Hasen, einer schlankeren Taille, einem neuen Anfang, nach einem Kind, nach einer Wohnung mit Badewanne, nach einem glücklicheren Jahr, einer Zwei in Mathe, nach Frieden in der Heimat, nach englischen Pralinen, einem Wochenende in den Bergen und vielem mehr.

Da entdeckt Berta ihren eigenen Stern wieder. In schwarzen Buchstaben hat jemand etwas dazugesetzt: »Wie alt sind Sie? Und wie sehen Sie aus?« Sie schreibt: »Ich bin vierundsechzig und sehe blendend aus (glauben Sie, ich würde etwas anderes sagen?)« Ein zweites Mal gibt sie ihre Telefonnummer preis und stößt einen kleinen Juchzer aus, weil alles so aufregend ist. Lauter fröhliche Menschen stehen um sie herum. »Ist das nicht wunderbar?«, lächelt eine rotbemützte Frau. »Das ist besser als jeder Weihnachtseinkauf, das ist ein Weihnachtswunder.

Wer das angezettelt hat, muss ein Engel sein!« Erstaunt bemerkt Berta, dass die Augen der Frau feucht sind.

Berta, Berta, denkt sie, was hast du da bloß angerichtet? Und errötet ein bisschen.

Es gibt Wünsche nach
Fahrrädern, Hasen, einem neuen Anfang.

10

Gott und der Brausefabrikant

»Warum schreibt mir eigentlich niemand mehr?«

Alle Engel schrecken auf. Der Allmächtige ist in düsterer Stimmung, das sieht man ihm an. Das allein ist zwar nichts Besonderes, denn er ist ein äußerst empfindsames, sensibles Wesen und hat nichts gemein mit dem selbstherrlichen Besserwisser, den die Menschen zuweilen gern aus ihm machen. (Die Engel haben sich noch nie erklären können, woher dieses Bild kommt. Vielleicht brauchen sie so etwas. Es sind eben Menschen.) Jedenfalls sind Anflüge depressiver Stimmungen beim Allmächtigen keine Besonderheit. Ungewöhnlich ist nur, dass es so kurz vor Weihnachten geschieht.

»Wie meinst du das?«, fragt Gabriel besorgt.

»Früher kam bergeweise Post. Liebes Christkind ... Aber damit ist es vorbei. Heute flatterten genau zwei Briefe in den Himmel. Und beide waren unerträglich fromm.«

Die Engel drucksen ein bisschen herum. »Nun, vielleicht fehlt ihnen die Zeit ...« »... streikt die Post...« »... sind sie wunschlos glücklich ...« »... fehlt dir eine E-Mail-Adresse ...« Der Allmächtige kneift ein Auge zusammen und sieht sie scharf an. »Heraus mit der Sprache! Ihr wisst doch mehr!«

Die Engel nicken betreten.

»Also?« Gott wartet gespannt.

»Sie schreiben schon ...«, beginnt Gabriel und stockt. »Nur nicht dir«, fügt ein anderer hinzu. Gott wird blass. »Wie meint ihr das? Was wollt ihr damit sagen? Haben sie etwa einen anderen?« Alle Engel nicken. »Wie sieht er aus? Was kann er? Was hat er, das ich nicht habe?«

»Tja, also ...« Gabriel ergreift erneut das Wort, denn einer muss es ihm ja sagen. »Er trägt rot. Einen tiefroten plüschigen Mantel mit weißem Kragen.«

»Wie geschmacklos!«, entfährt es Gott.

Gabriel nickt unbestimmt. »Und er hat einen Bart. Der ist sein Erkennungszeichen.« »Aber – ich habe mir meinen doch extra abgeschnitten, weil es nicht mehr zeitgemäß ist!« Gott kann es nicht fassen.

»Er hat Rentiere«, fährt Gabriel erbarmungslos fort.

»Die sind wirklich süß.« »Na und? Ich habe eine ganze Schöpfung voller Tiere. Was sind da schon ein paar Rentiere?« Der Allmächtige muss ein paar Mal tief durchatmen, um sich zu beruhigen. »Was verspricht er?«

»Geschenke.«

»Aha. Also ein Materialist.«

»Das kann man so sagen«, nickt Gabriel.

»Hat er eine Moral?«

»Früher hatte er mal eine.« Gabriel zuckt mit den Schultern. »Allerdings war sie fragwürdig. Wer nicht gehorchte, wurde mit einer Rute geschlagen. Wer brav war, bekam Geschenke. Heute bekommen einfach alle Geschenke. Das steigert die Beliebtheit.«

»Und was ist seine Botschaft? Er muss doch eine Botschaft haben!«

»Tja.« Die Engel schauen sich ratlos an. »Keine Ahnung. Wir nehmen an, er hat keine. Er scheint auch Besitzer einer Brausefabrik zu sein.« »Brause? Und das gefällt den Menschen?«

Die Engel nicken heftig. »Ausgesprochen. Wenn sein Truck in die Stadt kommt, laufen alle auf die Straße und jubeln.« Gott schaut verwirrt von einem zum anderen. »Wieso Truck? Ich denke, er hat Rentiere?« »Der Truck ist für die Postromantiker. Er will verschiedene Zielgruppen ansprechen.« »Und sie schreiben lieber Briefe an einen Brausefabrikanten als an den Schöpfer allen Seins?« Der Allmächtige versteht die Welt nicht mehr. »Ja«, seufzt Gabriel schließlich. »So ist es wohl.«

»Was schreiben sie ihm denn?«

»Ihre Wünsche.«

»Und er erfüllt sie?«

»Sozusagen. Er delegiert sie.«

»Ach«, fragt Gott interessiert, »er hat auch Engel?«

Gabriel schüttelt sein Haupt. »Nicht direkt. Er delegiert sie an die Eltern. Die gehen in ein Kaufhaus oder zu Amazon und besorgen, was ihnen geheißen.«

»Er lässt andere für sich zahlen?«

Die Engel nicken abermals. »Das kann man so sagen.«

»Aber warum tun sie das?« Gottes Stimme hat ungeahnte Ausmaße angenommen. Die Engel beginnen, leise zu summen, um ihn zu beruhigen. »Bei mir bekommen sie alles umsonst! Niemand muss etwas bezahlen.« »Aber du hast keine Brause.« »Ich habe Liebe, Gnade, Erlösung. Was ist Brause gegen das ewige Leben?« »Greifbar«, erwiderte Gabriel trocken. »Schau«, setzt er an und legt dem Allmächtigen beschwichtigend die Hand auf den Arm. »Du erinnerst dich doch an die Sache mit dem Kalb? Als sie um dieses goldene Ding herumtanzten, als seien sie von Sinnen. Sie wollen alles anfassen können. Wie die kleinen Kinder.«

Gott sackt noch tiefer in sich zusammen und nickt dumpf. Eine Weile geschieht nichts. Als die Engel gerade beginnen, sich ernsthafte Sorgen zu machen, erhebt sich der Allmächtige mit einem Ruck.

»Wir sollten ihn einladen.«

»Wen?«

»Na, den Brausefabrikanten.«

Gabriel schaut betreten zur Erde. »Das wird schwierig.«

»Warum? Ist er scheu?«

»Nein. Er existiert nicht.«

Gott verschlägt es die Sprache. Als er sich wieder gefasst hat, versucht er Ordnung in das unendliche Chaos seiner Gedanken zu bringen: »Er existiert nicht? Die Leute tanzen auf den Straßen und schreiben an einen Kerl, den es gar nicht gibt? Was ist mit ihnen los?« »Sie mögen das Bild.« »Und mich mögen sie nicht?« Schnell wiegelt Gabriel ab: »So weit würde ich nicht gehen. Das Problem ist: Von dir gibt es kein Bild. Jedenfalls kein autorisiertes.«

»Was ist mit der Krippe?«

»Schwierig.«

»Was ist daran schwierig? Es ist ein Baby. Babys kommen immer an!«

»Schon. Aber die Leute wollen keine Babys, die die Welt beherrschen. Das verwirrt sie.«

»Ach«, murmelt Gott und lässt die Schultern hängen. »Dabei hatte ich mir das so schön ausgedacht. Und so ein Kerl im roten Mantel macht alles kaputt. Und dann gibt es ihn nicht mal.«

»Nicht traurig sein«, versuchen die Engel ihn zu trösten. »Du bist trotzdem wichtig. Ohne dich gäbe es überhaupt kein Weihnachtsfest. Das ist doch schon mal was, oder?«

Sie mögen das Bild.

11

Frauke sucht das Glück

Am 17. November hat Frauke Bauchschmerzen. Auch nach zwei Tassen Kamillentee und einer heißen Wärmflasche sind sie noch da. Ich hätte nicht so viele Dominosteine essen sollen, denkt sie, denn Dominosteine isst sie für ihr Leben gern. Wenn sie erst in den Regalen liegen, kann sie einfach nicht widerstehen.

Doch Annemarie schüttelt den Kopf. »Du musst dein Leben ändern«, rät sie. Annemarie ist Fraukes beste Freundin und Frauke vertraut ihr. Dennoch kommt es ihr etwas übertrieben vor, wegen einer Packung Dominosteine gleich das ganze Leben umzukrempeln. »Es sind nicht die Dominosteine«, widerspricht Annemarie. »Es ist deine Seele. Sie drückt auf deinen Bauch.« Annemarie hat vor ein paar Tagen ein neues Buch erstanden. Es heißt »Sei glücklich oder stirb! Bewusstseinsbildung für Befreite.« Irgendetwas daran erinnert Frauke an »Friss oder stirb!«, aber sie leiht sich das Buch trotzdem und erschrickt. Wie konnte sie zweiundvierzig Jahre nur so unwissend in den Tag hinein leben? Kein Wunder, dass sie keine Kinder hat, strähnige Haare und ein mittelleeres Bankkonto. Dabei gab es Signale: Ihr Körper sendete Bauch-, Kopf- und Rückenschmerzen. Sie hat Pickel. Dazu eine Mattigkeit um die Augen, die ihr nie aufgefallen war, bevor Annemarie sie auf die Irisdiagnose hingewiesen hat. »Die Augen«, weiß sie, »sind der Spiegel der Seele!« Annemarie empfiehlt ein Seminar, auf dem man all diese Dinge lernen kann. Es wird praktischerweise am Ende des Buches beworben. Sie selbst hat sich bereits angemeldet. Annemarie hat Krebs. Seitdem sie das weiß, probiert sie alle möglichen Therapien aus. Frauke versteht das.

Das Seminar findet am ersten Advent statt. Der Advent ist womöglich tatsächlich eine gute Zeit, sein Leben zu ändern, denkt Frauke. Zwei Tage kosten 1600 Euro. Dafür wird man von jeglichen Altlasten befreit, verspricht der Werbetext. Frauke kann sich unter Altlasten wenig vorstellen und denkt an den Schrottplatz, zu dem sie ihren ausgedienten Computer gebracht hat. »So ist es auch«, nickt Annemarie eifrig. »Dein Körper ist zum Schrottplatz geworden. Die Altlasten deiner Seele drücken auf deinen Bauch und du wirst krank.« Frauke wundert sich über all die Kranken in den Krankenhäusern, die doch nur dieses Seminar zu besuchen bräuchten. »So einfach ist es nicht«, wendet Annemarie ein, »sie sind nicht eingeweiht.« »Ach«, erwidert Frauke erstaunt. »Und sollte man sie dann nicht einweihen?« Annemarie setzt einen ernsten Blick auf. »Das –«, beginnt sie und macht eine bedeutungsvolle Pause, »muss jeder für sich selbst entscheiden.«

Frauke löst einen Rentenfonds auf, um das Seminar zu bezahlen, aber sie hat bereits gelernt, dass das Geld von selbst zu einem kommt, wenn man das Universum darum bittet (Seite 73). Auf dem Seminar gibt es viele Frauen Mitte vierzig. Die meisten gucken streng, einige beseelt, und Frauke nimmt an, dass die Beseelten Fortgeschrittene sind.

Als Erstes muss sie ihre Kindheit malen und ihren Eltern vergeben. Frauke malt eine Schaukel, weil sie als Kind eine Schaukel im Garten hatte und Stunden darauf zubrachte. »Ahhh«, macht die Frau neben ihr, »die Flügel, wie schön. Jaja, unsere kindliche Seele hat eben noch Engelsflügel.« Frauke weist darauf hin, dass es sich um Johannisbeerbüsche handelt, sie aber nicht so gut zeichnen könne. Aber die Frau schaut, als wisse sie es besser.

Abends gibt es ein Plenum. Frauke staunt über die vielen Teilnehmerinnen. Fünfhundert sind es bestimmt. Annemarie klärt sie darüber auf, dass diese Abendveranstaltungen als Fortsetzung für das Seminar empfohlen werden. Sie finden monatlich statt. »Sie sind toll«, strahlt Annemarie und Frauke überlegt, welchen Fonds sie noch auflösen könnte. »Und dann gibt es noch das Videocoaching. Damit kannst du die Zeit dazwischen überbrücken.« »Videocoaching?«, fragt Frauke verwirrt. »Ja, da kriegst du Botschaften von Steve. Einmal die Woche. Das macht er für alle. Also natürlich nicht persönlich. Aber was er sagt, trifft ja auf jeden zu.« »Aber … du hast Krebs«, wendet Frauke schüchtern ein. Annemarie nickt unbekümmert. »Krebs oder Bauchschmerzen, das ist doch letztlich alles das Gleiche.« Frauke hat das noch nie so gesehen, aber Annemarie fährt fort: »Du musst dich annehmen. Das ist der Schlüssel zu allem. Wenn du dich nur genug liebst, wirst du auch nicht krank. Schau Steve an. Er ist schon dreiundsechzig. Hättest du das gedacht?« Frauke hat sich noch keine Gedanken über Steves Alter gemacht. Allerdings beschäftigt sie die Tatsache, dass sie immer noch hin und wieder Bauchschmerzen hat und sich somit offenbar noch nicht genug liebt. Sie beschließt, sich anzustrengen.

Die Pause ist zu Ende, Steve kommt auf die Bühne und wiederholt Annemaries Worte. »Ihr müsst euch selbst lieben«, ruft er und es klingt irgendwie bedrohlich. »Dann könnt ihr alles besiegen, auch den Krebs und selbst Alzheimer.« Er lacht. Frauke weiß nicht, was lustig ist, und wirft einen scheuen Blick auf Annemarie, aber die strahlt. Es scheint ihr nicht in den Sinn zu kommen, dass sich ihre Selbstliebe offenbar auch noch nicht im gewünschten Stadium befindet, denn sonst wäre der Krebs ja weg. »Jeder ist für sein Glück selbst verantwortlich«, ruft Steve. »Du bist, was du lebst!« Frauke ist nicht klar, ob sich das auch auf einen Kontinent wie Afrika übertragen ließe, aber wahrscheinlich gelten da andere Gesetze.

»Du lenkst von dir ab«, mahnt Peter, der ihr im anschließenden Austausch in der Kleingruppe als Coach zugeteilt wird. »Was interessieren dich die anderen? Bleib bei dir! Weich nicht aus!« Peter hat eine achtwöchige Ausbildung durchlaufen und darf nun Steves therapeutischen Ansatz vertreten. Wenn er die Aufbauausbildung bucht, wird er auch heilen können. Frauke ist überrascht über diese Möglichkeit. »Kann das jeder lernen?« Peter nickt und Frauke denkt an die vielen Ärzte, Therapeuten und Homöopathen, die offenbar von dieser Methode noch nichts gehört haben. Sie scheinen ihr auf einmal überflüssig. »Und das sind sie auch«, pflichtet Peter ihr bei und neigt sich zu ihr, als teile er Geheimwissen. »Wir lernen, die Energie umzuleiten.« Frauke denkt an ihre Stromrechnung. »Alles ist Energie«, raunt er. »Du blockierst sie.« In den nächsten Tagen versucht Frauke, ihre Energietore zu öffnen. Sie hat keine rechte Vorstellung davon und muss dauernd an Garagentore denken. Wahrscheinlich klappt es deswegen nicht. Die Bauchschmerzen kommen wieder und ihr linkes Augenlid zuckt, wie es das immer tut, wenn sie sich gestresst fühlt.

Der dritte Advent kommt. Es nieselt und das Thermometer senkt sich auf zwei Grad. Frauke hat leichte Halsschmerzen und fühlt sich schuldig. Irgendetwas macht sie falsch. Steve hat gesagt, er würde nie krank. Nie. Es gilt auf so vieles zu achten. Bisher ist ihr Leben nicht glücklicher, sondern anstrengender geworden. »Das ist die Umstellung«, tröstet Annemarie. Wahrscheinlich hat sie recht. Es ist ja auch alles ziemlich neu für sie. Bisher war sie nicht besonders religiös gewesen. Steve sagt zwar, dass dies gerade keine Religion sei, weil Religion unfrei mache, aber wegen der Engel ist Frauke nicht so sicher. Steve erhält all sein Wissen von Engeln. (Man kann die Fähigkeit, mit Engeln zu kommunizieren, für 10 900 Euro lernen, was Frauke viel vorkommt, andererseits handelt es sich ja auch um eine besondere Fähigkeit.) In der Kirche ist schließlich auch immer von Engeln die Rede, aber wie man mit ihnen ins Gespräch kommt, erfährt man nie.

Frauke war bisher evangelisch. Da gab es weniger zu beachten, aber es versprach auch keine ewige Gesundheit. Nur ewiges Leben, doch das scheint ihr so unkonkret. Sie hat sich nie besonders mit der Kirche beschäftigt, sondern ist immer von einem irgendwie wohlwollenden Gott ausgegangen, der traurig darüber ist, bei manchen Dingen auch nicht helfen zu können. Dafür verteilt er Liebe im Überfluss, die zwar nicht alles heilt, aber hilft, eine Menge durchzuhalten. Und man braucht nichts dafür zu tun.

Die Engel hier scheinen anders aufgestellt zu sein. Offenbar kennen sie sich auch mit Fraukes Bauchschmerzen aus, denn sie lassen sie über den Livechat mit Peter wissen, dass Frauke gegen ihr wahres Ich kämpft und dieser Kampf verursacht Magendruck. Frauke stellt sich eine wütende Boxerin in ihrem Bauch vor und fühlt sich noch unwohler.

Die Weihnachtswoche beginnt. Frauke fällt auf, dass sie in diesem Jahr gar keinen Adventskranz hat. Sie ist so beschäftigt mit Videobotschaften und Livechats, mit Peergroups und Morgenmeditationen, und dann will ja auch das Glückstagebuch noch geschrieben werden. Das Glück lässt weiterhin auf sich warten. Allerdings fehlt ihr auch die Zeit, die Dinge zu tun, die sie normalerweise erfüllen.

Vier Tage vor Weihnachten stirbt Annemarie. Frauke ist nicht sicher, ob sie jetzt noch an einen Himmel glauben darf, andererseits müssen die ganzen Engel ja irgendwo wohnen. Steve hat gesagt, der Tod ist nur eine Illusion. Die Beerdigungsgäste wissen davon offenbar nichts, denn wegen einer Illusion bräuchten sie nicht zu weinen. An Heiligabend setzt sich Frauke in eine Kirche. Nicht weil sie dort das Heil zu finden hofft, sondern weil sie so erschöpft ist und dringend einen Ort braucht, der sie beruhigt. An dem sie nichts tun, nichts aufschreiben und auf nichts zu achten braucht.

Sie sitzt in der Bank, und es riecht nach Wachs und Tannenadeln. Das erinnert sie an ihre Kindheit. Der Pastor spricht, und Frauke hört nicht zu, aber er beschwert sich nicht. Sie sitzt einfach nur da. Zum »O du fröhliche« stehen alle auf. Die Posaunen brausen und Frauke singt aus voller Kehle, weil sie die Strophen noch auswendig weiß von früher. Ihr Gesicht kribbelt. Sie betrachtet sich im Licht der vielen brennenden Kerzen und fühlt sich leicht. Überrascht denkt sie: Das ist Glück.

Und sie brauchte gar nichts dafür zu tun.

Da ist es ja, das Glück.

12

Der Schneemann

Am Zaun steht eine Frau. Herr Klein hat sie noch nie gesehen. Er kneift die Augen zusammen. Eigentlich bräuchte er eine Brille. Die Frau trägt eine rote Mütze und geht nicht weg. Dabei schneit es. Gegen elf hatte es begonnen. Der Himmel hing schon morgens träge und tief zwischen den Apfelbäumen. Herr Klein guckte aus dem Fenster und wartete. Er wusste, dass es schneien würde. Er weiß es immer. Er kann den Schnee riechen, lange bevor er zur Erde fällt. »Du bist ein Angeber«, sagt seine Schwester. Aber er ist kein Angeber.

Als die ersten Flocken fielen, schlüpfte er in seine Daunenjacke und holte die Handschuhe aus dem Eisfach und ein schmales Plastiktablett. Er stellte sich auf die Veranda und streckte den rechten Arm aus. Eine Flocke blieb auf seinem Handschuh liegen. Vorsichtig ließ er sie auf das Tablett gleiten.

Nach einer halben Stunde hat er vier Flocken gesammelt und die Frau steht an seinem Gartenzaun. »Kann ich Ihnen helfen?«, fragt Herr Klein, denn irgendetwas muss er schließlich sagen. Die Frau lächelt ihn an. »Was machen Sie da?« »Ich sammle Schneeflocken.« Eigentlich spricht Herr Klein nicht gern darüber. Seine Schwester schilt ihn. »Du bist ein Kauz«, sagt sie und dann bringt sie ihre schrecklichen Söhne in seine Wohnung, die alles verwüsten. Letztes Mal sind sie mit ihren dreckigen Schuhen über den Flokati-Teppich gerannt und haben sein Miniaturmodell umgerissen. »Das sind halt Kinder«, hatte seine Schwester gelacht. »Da siehst du mal, wie's mir den ganzen Tag geht. Du kannst dich ruhig auch ein bisschen kümmern. Spiel mal mit ihnen, du bist schließlich ihr Onkel.« Herr Klein wollte einwenden, dass er sich das nicht ausgesucht habe, seine Schwester dagegen schon, aber dann beschloss er doch, lieber nichts zu sagen.

»Ach«, reißt die Frau ihn aus seinen Gedanken, »wie interessant.« Noch nie hatte jemand etwas, das Herr Klein tut, interessant gefunden. Vielleicht will sie ihn veralbern? Prüfend wirft er einen Blick zu ihr, aber ihr Gesicht schaut freundlich und ihre Wangen haben einen rosa Schimmer von der kalten Luft. »Darf ich sie mal sehen?« Herr Klein weiß nicht, was er sagen soll, da hat sie schon die Pforte geöffnet und steht in seinem Garten. Eigentlich mag er es nicht, wenn Leute einfach seinen Garten betreten. Deshalb hat er auch ein Schloss am Tor angebracht. Sollte er vergessen haben, abzuschließen? Merkwürdig, denkt er und antwortet: »Also gut, kommen Sie. Ich habe einen extra Eisschrank, der steht auf der Veranda.« Sie stapfen durch den Schnee die Stufen hinauf. »Vorsichtig«, mahnt Herr Klein, »es ist glatt.« Er öffnet die Tür des Eisfaches und holt andächtig das Tablett heraus. Neugierig beugt sich die Frau darüber. »Oh«, haucht sie. »Wie schön!« »Nicht wahr? Und keine gleicht der anderen.«

Schneeflocken zu sammeln ist anspruchsvoll. Daran denkt normalerweise niemand. Man muss schnell sein. Alles muss die richtige Temperatur haben. Eine falsche Bewegung, ein Grad zu viel, ein Millimeter nackte Haut und schon lösen sie sich auf. Unwiederbringlich. Natürlich kommen neue nach, aber Herrn Klein kommt es trotzdem jedes Mal so vor, als ginge ihm ein Stück Unendlichkeit verloren. Das sagt er der Frau. Er ist ein bisschen verlegen. Aber die Frau nickt: »Ein interessanter Gedanke. Dann bewahren Sie die Unendlichkeit sozusagen in Ihrem Eisfach.« Herr Klein wird rot. So gut hat ihn noch nie jemand verstanden. Denn was sind Schneeflocken anderes als ein Beweis für die Unendlichkeit? Jede hat ihre eigene Form, auf den ersten Blick ähneln sich manche, aber nie gleichen sie einander genau. »Haben Sie darüber schon mal nachgedacht?«, wagt Herr Klein sich vor. »Wozu das alles? Man hätte es ja auch wie bei den Regentropfen einrichten können. Kaltes Wasser, das vom Himmel fällt. Millionen und Abermillionen gleiche Tropfen. Wozu dieser Aufwand?« »Es liegt ein Geheimnis darin, nicht wahr?« Herr Klein nickt. Und dann sagt er etwas, das er noch keinem Menschen zuvor anvertraut hat. »Wenn mehr Menschen Schneeflocken sammeln würden, dann hätten sie ein größeres Verständnis für Gott.« Die Frau schaut ihn neugierig an. »Wie meinen Sie das?« »Sehen Sie, eine Schneeflocke ist ein solches Kunstwerk. Jede für sich ist besonders. Und zugleich ist sie so fragil. Nur ein Hauch und sie ist vergangen. Man muss unglaublich aufpassen, um sie nicht zu zerstören, und trotzdem passiert es. Auch mir passiert es noch, nach all den Jahren. Ich denke, Gott könnte es ganz ähnlich gehen. Der Mensch ist so fragil, stellen Sie sich nur vor, ein unachtsamer Schritt, eine falsch gelenkte Zelle, ein verschluckter Kirschkern und schon ist es vorbei. Wie zerbrechlich das alles in seinen Händen ist. Eine milliardstel Sekunde der Unaufmerksamkeit und ein Mensch geht dahin. Wie traurig muss Gott darüber sein.« Die Augen der Frau glänzen feucht. »Wie traurig«, wiederholt sie.

»So betrachtet«, fährt Herr Klein nachdenklich fort und ein neuer Gedanke formt sich in seinem Kopf, »bräuchten die Menschen doch eigentlich nicht mehr wütend auf Gott zu sein. Sie bräuchten ihm Tod und Unglück nicht mehr vorzuwerfen. Er kann nichts dafür. Er meint es nicht böse. Im Gegenteil: Wenn sie schmelzen, dann schmelzen sie doch in seiner Hand.« Der Schnee fällt dichter und dichter. Die Apfelbäume sind nicht mehr zu sehen und auch das Haus ist im Schneegestöber verschwunden. Nur die Frau kann er deutlich erkennen und ihre Wangen, die rot sind, so rot wie dicke runde Weihnachtsäpfel. Herr Klein denkt an vergangene Festtage und den süßen Geruch der Bratäpfel, die seine Oma aus dem Ofen holte. Da war er klein und alles war gut. »Kommen Sie«, flüstert die Frau, »komm.« Sie streckt ihre Hand aus, die groß wird und größer und Herr Klein wundert sich, aber dann klettert er in ihre Fläche. Sie ist warm im eisigen Schneegestöber und Herr Klein spürt, wie er schmilzt, und es ist gar nicht schlimm, sondern wohlig. Wohlig ist sein letzter Gedanke und dann sind sie verschwunden, die Frau mit den Apfelwangen und Herr Klein, der einen Eisschrank zurücklässt mit 873 Schneeflocken, von der keine der anderen gleicht.

Hier beginnt die Unendlichkeit.

13

Die Weihnachtsdiebe

Als meine Frau am Morgen des 24. Dezembers aufgeregt ins Wohnzimmer stürzte und vom Verschwinden unserer Laterne berichtete, blieb ich gelassen. Ich murmelte etwas wie »Mm-hmm« und vertiefte mich wieder in mein Buch. Die Laterne war aus Buchenholz geschnitzt, hatte vier Glasfenster und beleuchtete unsere Haustür in den Wintermonaten. Man stellte eine große Kerze hinein und sie gab ein schönes, warmes Licht. Ich mochte die Laterne sehr. Aber ich war froh, dass sie weg war. Ich wusste, Jenni hat sie.

Jenni heißt eigentlich Jens. Meiner Frau hatte ich noch nicht von ihm erzählt, und auch von den anderen nicht, von Max und Claudia. Es war mein Geheimnis. Oder besser, es war unsere Geschichte. Obwohl eigentlich klar war, dass sie über kurz oder lang davon erfahren musste. Schließlich verschwanden Dinge. Dinge, die uns gehörten.

Ich lernte Jenni kennen, als ich dreizehn war. Er und Claudia wohnten in den Blöcken am Ende der Straße. »Da wohnt nur Gesocks«, sagte meine Mutter verächtlich. Ich hörte nicht auf sie. Ich hatte Jenni auf dem Spielplatz getroffen. Er rauchte, obwohl er höchstens vierzehn war. Ich fand das cool. Außerdem trug er eine Jeansweste mit Aufnähern von Pearl Jam und Nirwana. Er hatte eine Schwester, die hieß Claudia. Sie war ein Jahr jünger, hatte rehbraune Augen und neonfarbene Ohrringe. Ich fand das toll. Ich war verliebt in Claudia.

Und dann war da noch Max: Max hatte hängende Schultern und hörte Roxette. Ansonsten war er ein feiner Kerl. Er hatte es nicht leicht. Max' Mutter verprügelte regelmäßig Max' Vater. Meistens bekam Max auch was ab. Ich fand es schlimm, aber ich fragte mich auch, was das für ein Mann war, der sich regelmäßig von seiner Frau vermöbeln ließ. Heute denke ich manchmal, vielleicht hat er sich so sehr für seine Frau geschämt, dass er einfach so tat, als fände es nicht statt. Aber wer weiß.

Jenni und Claudia waren meistens allein, weil ihre Mutter eine Kneipe hatte und tagsüber bei irgendwelchen Stammkunden schlief. Irgendwer schien sie immer mitzunehmen. Abends arbeitete sie dann. Manchmal sahen die beiden ihre Mutter eine ganze Woche nicht. Aber sie ließ Geld da und eine Katze hatten sie auch. Sie hieß Fanny.

Dass Jenni und Claudias Mutter nie da war, fanden wir alle nicht schlecht. So hatten wir die Wohnung für uns. Meine Mutter mochte nämlich keinen Besuch. Meistens lag sie mit Kopfschmerzen auf dem Sofa und schimpfte auf die Welt. Man musste dann alle Vorhänge zuziehen und sehr leise sein. Mein Vater hatte uns verlassen. Das heißt, ich sah ihn jeden Sonntag, aber irgendwie zählte das nicht, weil die drei Stunden bis zum Abendessen kurz und künstlich waren. Ich war nicht gern zu Hause in dieser Zeit. Also ging ich zu Jenni und hoffte, Claudia würde aufkreuzen. Was sie auch meistens tat. Wir warteten dann auf Max und gingen ins Einkaufszentrum.

Das Einkaufszentrum war eigentlich gar kein richtiges Einkaufszentrum, sondern ein großer Supermarkt mit einem extra Getränkemarkt. Davor gab es ein paar Stände mit Oliven und solchen Sachen, und auch einen Mister Minit, einen Zeitschriftenstand und ein Blumengeschäft. Wir drückten uns meist bei dem Zeitschriftenstand herum und versuchten unauffällig in der Bravo zu lesen, aber der Verkäufer, ein mürrischer schnauzbärtiger Mann, jagte uns jedes Mal fort. Dann stellte sich einer von uns in die Nähe der Kasse, als warte er auf jemanden, und ließ etwas mitgehen. Eine Tafel Schokolade oder eine Mezzo Mix. Das ging ganz einfach. Wir fischten sie einfach aus den Sachen auf dem Fließband. Wenn die Leute mit dem

Bezahlen beschäftigt waren, merkten sie das gar nicht. Wir hatten auch kein schlechtes Gewissen, sie kauften ja so viel. Bei uns zu Hause gab es nie Schokolade. Wenn meine Mutter daran dachte, einzukaufen, brachte sie nur Mon Cherie mit und so ein Zeug. Sie vergaß einfach, dass sie ein Kind hatte, das so etwas nicht aß. Deshalb fand ich Schokolade toll.

Eines Tages lotste uns Jenni alle raus. Draußen schneite es, Weihnachten stand vor der Tür. Er zeigte uns seine Beute: ein ferngesteuertes Auto. So etwas hatten wir noch nie geklaut. »Bist du verrückt?«, rief ich. Es kam mir falsch vor. »Das kannst du nicht machen. Das kriegt doch irgendein Kind zu Weihnachten!« Zum ersten Mal hatte ich ein schlechtes Gewissen. Eine Schokolade, okay, die vermisst keiner. Aber ein Auto? »Ist doch egal«, versuchte Jenni zu beschwichtigen, »die haben bestimmt voll viel Geld!« »Und wenn nicht?« Ich stellte mir eine arme Familie vor, die lange gespart hatte und nun kein Geschenk für ihren kleinen Jungen hatte. Das fand ich traurig. Nach einigem Hin und Her entschieden wir, das Auto weiterzuverschenken. An irgendjemanden, der kein Geld hatte. So wäre die Gerechtigkeit wenigstens teilweise wiederhergestellt.

Das war der Anfang. Seit diesem Nachmittag behielten wir nichts mehr für uns. Wir suchten die vollsten Einkaufswagen aus, klauten etwas besonders Schönes und gaben es weiter. Es war nicht schwer, Bedürftige zu finden. In unserem Viertel wohnten viele. Und ein paar Bettler gab es auch. Für die klauten wir natürlich kein Auto, sondern eine Mütze oder einen Rucksack. Einmal legten wir eine ganze Salami hin.

Wir wurden nie erwischt. Ich glaube, den meisten fiel gar nicht auf, dass etwas fehlte. Auf einmal hatte unser Leben einen Sinn. Es war unsere Rettung. Wir hörten auf, herumzugammeln. Drogen, Alkohol und alles das ging an uns vorbei. Wir hatten zu tun. In Jennis und Claudias Wohnung legten wir ein kleines Lager an, für die Dinge, die wir nicht sofort weitergaben. Ich war nicht mehr traurig, wenn meine Mutter wieder mal vergessen hatte, dass sie einen Sohn hat, und ihren Urlaub für sich allein buchte. Max trug seine Blessuren mit Gleichmut, und seine Schultern hingen nicht mehr.

Irgendwann wurden wir erwachsen. Jenni zog im Sommer auf eine Alm und arbeitete dort von nun an jede Saison. Er liebte seine Kühe und einen Hund hatte er auch. Claudia heiratete irgendwann, ohne dass ich sie je geküsst hatte. Max wurde Priester und ich studierte Jura.

Wir treffen uns nicht mehr oft, nur zu Weihnachten sind wir alle da. Und dann, in den Nächten vor dem Fest, verschwinden Dinge. Einer nimmt sie vom anderen und gibt sie dem Dritten. Ich werde später bei Claudia noch das Fahrrad aus der Garage holen. Es ist ein Mountain Bike, und sie benutzt es fast nie. Jenni wird es auf seiner Alm gut brauchen können. So machen wir es immer. Eine Erinnerung an die alten Zeiten. Ich will nicht wissen, was aus uns geworden wäre, wenn wir nicht zu klauen begonnen hätten.

Das war unsere Rettung.

14

Die Gaben

»Ich habe einen Sohn!« Gottes Jubel hallte durch die Himmelszelte, dass es auch der Letzte der himmlischen Heerscharen hörte. Aber die allgemeine Begeisterung hielt sich in Grenzen. Niemand verstand, was der Allmächtige sich dabei gedacht hatte. Ein Menschensohn! Was barg das für Risiken! Wo doch jeder wusste, wie empfindlich diese Menschen waren. Sie bekamen Magen-und-Darm-Grippen und Erkältungen. Ein falscher Schritt und sie stürzten in eine Schlucht oder aus dem Fenster, sie kriegten Fußpilz, Depressionen und Bienenstiche. Ständig musste man auf sie aufpassen. Man hatte ein Leben lang alle Hände voll zu tun, und dann starben sie trotzdem. Wozu das alles? Die Engel waren überzeugt, dass sie die gelungenere Version der Schöpfung waren, aber sie vermieden es, davon zu sprechen. Gott der Allmächtige reagierte ausgesprochen empfindlich auf derlei Gedanken. Er schien geradezu vernarrt in seine Menschen zu sein. Und nun das. Dieser neue Einfall. Ein Menschensohn! Der Allmächtige lief aufgeregt umher. »Ich kenne mich doch gar nicht aus mit kleinen Kindern. Geht es ihm gut? Hat er alles, was er braucht? Jemand sollte hinuntergehen und nachsehen.«

Eilig schwärmten die Engel aus. Ein Raunen ging über die Erde. »Ein Kind ist euch geschenkt. Ein Sohn ist euch geboren. Jemand sollte nach ihm schauen.« Was für eine ehrenvolle Aufgabe! Es meldeten sich Abenteuerlustige und Esoteriker, Endzeitredner und Tagträumer, Frömmler und Romantiker in großer Zahl. Die Engel schütteln ratlos ihre Häupter. Wie sollten sie da den Richtigen finden? »Ich weiß, wie wir es machen«, rief einer der jüngsten Himmelsbewohner. »Der Allmächtige soll sie nach den Geschenken auswählen, die sie seinem Sohn bringen wollen.« Dagegen ließ sich nichts einwenden und so bildete sich in kürzester Zeit eine lange Schlange vor dem Himmelstor. Alle wollten den kleinen Gottessohn sehen.

Als Erster sprach ein Mann in frisch gebügeltem Hemd vor. Er machte einen sehr zuverlässig Eindruck. »Man muss für die Zukunft sorgen. Die Inflation. Die demografische Entwicklung. Die Progression. Was er braucht, ist eine Pensionsversicherung mit fünf Prozent jährlich garantiertem Wertzuwachs. Darauf kann er bauen.«

Gott der Allmächtige verstand nichts von Pensionsversicherungen und wendete sich dem Nächsten zu.

»Bildung«, setzte ein hagerer Mann mit spitzem Kinn an. »Das Einzige, in das es sich lohnt zu investieren, ist Bildung. Es werden Zeiten kommen, in denen nichts anderes mehr Bestand hat. Ich biete einen Internatsplatz in einer der führenden Schulen des Landes mit anschließender Studienplatzgarantie an einer Privatuniversität.«

»Der Junge ist zwei Tage alt«, bemerkte Gott der Allmächtige, aber der Mann wischte seinen Einwand beiseite. »Das wird sich schneller ändern, als ihr denkt.« Gott nickte zerstreut und bat den Nächsten vor.

Es war eine Frau mit weichem Gesicht. Sie gefiel Gott auf Anhieb. »Spielen«, begann sie und ihre Stimme hub zu einem merkwürdigen Singsang an. »Was er braucht, ist Spielzeug. Nur so kann sich seine kindliche Seele entwickeln.« Und sie holte ein magisches Nachtmobile, fünf Spieluhren, drei Puppen, eine Holzeisenbahn, ein Einhorn mit integriertem Soundsystem, sieben Babypuzzles, dreizehn Rasseln und eine Hüpfburg hervor. Gott verschwand hinter all den Dingen. »Wo soll er das alles lassen?«, fragte er und die Frau zuckte mit den Schultern.

»Eine Psychotherapie«, rief eine andere Frau und schob sich nach vorn. »Ich schenke ihm eine Psychotherapie.«

»Einem Säugling?«, echote Gott.

»Es ist erwiesen, dass dreiundachtzig Prozent aller psychischen Erkrankungen auf frühkindliche Traumata zurückgehen. Man kann gar nicht früh genug damit anfangen!«

»Ach Unsinn«, wischte ein dicker Mann ihre Ausführungen beiseite. »Was er braucht, ist Geld. Mit Geld kann er die Welt kaufen! Ob's euch passt oder nicht!« Und er warf ein dickes Bündel Scheine auf den Tisch.

»Mitnichten«, säuselte eine andere Stimme und platzierte einen sechseckigen Anhänger am Lederband neben die Scheine. »Dies wird die Lösung all seiner Probleme sein.« Gott der Herr fragte sich, was ein Säugling denn schon für Probleme haben könnte, außer vielleicht Blähungen.

»Was ist das?«, fragte er verwirrt.

»Ein Strahlungsbeseitiger. Er hält alles Schädliche fern.« Verschwörerisch senkte der Mann seine Stimme. »Ich könnte euch auch welche verkaufen. 159 Euro bei größerer Abnahme. Damit ließe sich die Menschheit retten.« Gott war nicht klar, dass die Menschheit in Gefahr war, und ein Engel schob den Mann sanft beiseite.

»Er muss gefördert werden«, befahl eine schrille Stimme. »Wie soll er seine Talente entwickeln, wenn er nicht gefördert wird? Violinenunterricht, Sanskrit für Säuglinge, Bildhauen für Babys, Meditation auf dem Wickeltisch und emotionale Frühentwicklung. Ich biete auch einen Ballettkurs für Krabbelkinder an.« Gott hatte noch nie im Leben Ballett getanzt und fühlte sich plötzlich minderbemittelt.

Zum Glück drängte sich ein weißhaariger Herr vor. »Ich habe sein Horoskop. Ich weiß, was seine Zukunft bereithält.« »Ich habe Haftplicht-, Lebens-, Berufsunfähigkeits- und Lebensmittelunverträglichkeitsversicherungen«, schrie ein anderer. Gott dem Allmächtigen begann der Kopf zu schwirren. »Ist denn keiner da, der etwas Einfaches hat? Etwas, das der Junge wirklich brauchen wird?«

Das Schweigen war groß. Da traten drei Männer hervor. Der eine war sehr alt. Der zweite war sehr jung. Der dritte wirkte sehr fremd. Schüchtern begann der Erste: »Ich habe ein paar Pflaster für ihn. Er wird sie brauchen. Jemand wird ihn schubsen. Er wird sich die Knie aufschürfen.« Er hielt eine Pappschachtel in die Höhe.

»Und ich habe einen Teddybären«, ergänzte der Zweite. Er hatte nur ein Auge. »Ich weiß. Er ist nicht der Neueste. Aber er gehörte mir schon als Kind. Ich trug ihn immer bei mir. Es ist das Liebste, was ich habe. Er wird ihn trösten und in den Schlaf kuscheln.«

Dann trat der Dritte nach vorn. »Ich habe eine Adlerfeder. Er wird vielleicht nicht fliegen können, aber sie wird ihn daran erinnern, dass er getragen ist. Auf Adlers Fittichen. Ein altes Wort. Es wird ihn Vertrauen lehren.«

Niemand sagte etwas. Die Frau sammelte ihre Puppen und das Einhorn ein. Der Mann klaubte seine Scheine zusammen. Langsam zerstreuten sich alle. Am Ende waren nur noch die drei sonderbaren Gestalten übrig. Gott der Allmächtige schickte sie los. Man sagt, sie seien noch heute unterwegs.

Etwas, das man wirklich braucht.

15

Franz wird neu geboren

Es ist nur eine kleine Notiz in der Zeitung. Fast hätte er sie übersehen zwischen einer Meldung über den Silvesterball und der Einladung zu einer neuen Selbsthilfegruppe. Franz mag keine Tanzveranstaltungen und Selbsthilfegruppen mag er auch nicht. Dabei hat er schon eine Menge solcher Gruppen besucht. »Du musst deine Vergangenheit aufarbeiten, dann bist du ein neuer Mensch«, hieß es jedes Mal. Franz will gern ein neuer Mensch sein. Den alten Franz mag er nicht besonders. Ein dreiundvierzigjähriges Bemühen. Richtig zu sein. Dazuzugehören. Zu passen. Dabei gibt es nichts an ihm, was tatsächlich traumatisch wäre. Er stottert nicht, hat keine Gaumenspalte und seine Kleiderauswahl ist passabel. Man könnte meinen, nach dreiundvierzig Jahren Mühe sollte man irgendwann zu einem Ergebnis kommen. Sich selbst in Ordnung finden. Ankommen, eine Familie gründen, etwas in dieser Art. Anderen gelingt das ja auch. Johannes zum Beispiel hat gerade sein drittes Kind bekommen. Dabei ist Johannes auch kein besonderer Typ. Er hat irgendetwas studiert und währenddessen lernte er Heike kennen, die er zweimal betrog (wobei Franz nicht sicher ist, ob sie davon weiß), und dann heirateten sie. Lange bevor er sich ein Haus leisten konnte oder eine sichere Stelle hatte. Das hätte Franz nie gewagt.

Aber bei ihm ist sowieso alles anders. »Der Franz«, hieß es, solange er denken kann, »der ist nicht für Familie gemacht.« Und dann schüttelten sie alle sorgenvoll die Köpfe, als sähen sie etwas, das nur ihm verborgen blieb. Aber er glaubte ihnen. Sie waren ja in der Mehrheit. »Der Franz«, wusste seine Mutter, »der kriegt keine Frau. Zu dem passt das einfach nicht.« Und so kam es dann ja auch. Einmal, da hatte er sich mit einem Mädchen getroffen. Er hatte sie in einer Vorlesung kennengelernt und mochte die Art, wie sie an ihrem blauen Kugelschreiber kaute, während sie zuhörte. Komisch, dass er das noch weiß. Ihren Namen weiß er nicht mehr. Er hatte sich keine Mühe gegeben, ihn zu behalten, weil er ja wusste, dass es nur eine Episode sein würde.

Manchmal ahnt er, dass die Prophezeiung seiner Mutter nicht förderlich war, dass sie womöglich sogar schlicht falsch sein könnte. Eine Freundin, die aber nur eine Freundin war, hatte mal gesagt: »Trenn dich von deiner Mutter. Sonst wird das nie was.« Das war dann auch der Grund, warum er die erste Selbsthilfegruppe aufsuchte. Er dachte, wenn er seine Vergangenheit aufarbeitete, wenn er die Schrankwand aus seinem Kopf verbannte und die Fußballtrainings und die dummen Sprüche seiner derben Onkels und ihr Kopfschütteln, wenn er schon wieder über seine Füße gestolpert war, und die Nachbarin, die ihn aufzog, weil er nicht wuchs, und all die anderen Dinge, die die Sitzungen nach und nach wieder zutage förderten, wenn er mit all dem erst fertig wäre, dann – dann wäre er bereit für die Zukunft.

Das tut er nun seit mittlerweile siebeneinhalb Jahren und an diesem Morgen schwant ihm, dass das vielleicht ein ewiges, ein unendliches Unterfangen sein könnte, weil die Vergangenheit nämlich nie fertig ist. Sie wispert, dass das Erprobte sicher ist. Und dass die Sicherheit der Unsicherheit vorzuziehen ist. Sie arbeitet mit Schuldgefühlen und Drohungen. Sie schmeichelt, sie weint, sie klammert, sie weigert sich zu gehen.

Und während er über all diese Dinge nachdenkt, liest er die Notiz.

Er liest, dass ein kleiner Junge geboren sei, draußen auf den Feldern zwischen Neuenkirchen und Seidling, in einem Stall, dessen Dach so löchrig sei, dass man die

Sterne sehen konnte in der Nacht, wenn nicht der Regen hineintropfte. Doch es regnete nicht in jener Nacht. Die Eltern seien »Zigeuner« oder anderes umherziehendes Volk, Genaueres wisse man noch nicht, denn mit der Verständigung sei es schwierig. Aber der Kleine sei wohlauf gewesen, als man ihn am Morgen fand, in einem Futtertrog liegend. Quietschfidel zappelte er mit den Händen und den Füßen, so als mache ihm das alles gar nichts aus. Und was sollte es ihm auch ausmachen? Für einen Eintägigen gibt es keinen Unterschied zwischen einer Wohnung mit Schrankwand und einem Heubett, solange das Heu trocken ist und nicht zu sehr piekt.

Franz lässt die Zeitung auf seine Knie niedersinken und schaut hinaus in den kalten Morgen. Wenn man in einem Stall geboren wird, einem Stall mitten im Nichts, dann hat man keine Vergangenheit. Dann wächst man nicht mit Tante Hildes Häkeldecke auf, die zwar scheußlich ist, aber an der sie drei Monate gearbeitet hat. Wie sie es bei jedem Neffen und jeder Nichte und später dann bei jedem Großneffen und jeder Großnichte tat. Dann gibt es auch keine Schrankwand im Wohnzimmer, die man mal erben wird. Es gibt kein Haus, das es zu erhalten und keine Heimat, die es zu lieben gilt. Keine Fußstapfen, die zu groß sind oder – schlimmer noch – die in die falsche Richtung führen, in eine Richtung, in die man überhaupt nicht will, weil dort Elektroeisenbahnen oder Klavieretüden auf einen warten, das Gymnasium mit humanistischem Zweig oder ein Fußball, mit dem man nichts anzufangen weiß.

Man würde niemanden mehr enttäuschen. Keine Vergangenheit zu haben, das heißt kein Verirren im Labyrinth eines Fortsetzungsromans, der niemals nie ein Ende hat, sondern einzig eine Zukunft zu haben, weiß und unberührt wie Schnee. Und keiner sagt einem, wohin man zu stapfen hat. Man geht los und hinterlässt eine Spur. So ist das, wenn man im Winter auf freiem Feld geboren wird. Das ist keine Strafe, es ist eine Verheißung.

An diesem Morgen beschließt Franz, seine Vergangenheit ruhen zu lassen. Sie ist ja vergangen. Und wenn die Schrankwand und Mutters Prophezeiungen wieder sein Hirn stürmen wollen, dann wird er einfach an diesen kleinen Neugeborenen denken, der so glücklich ist, weil er nicht weiß, was ihm fehlt, und es, wenn man es ihm nicht sagt, auch nie erfahren wird.

Ein Stall, der so löchrig war,
dass man die Sterne sehen konnte.

16

Als Lia den Himmel fand

»Papa, wo wohnt Gott?«

»Gott? Im Himmel.« Herr Großschmidt hat sich noch nie Gedanken darüber gemacht, wo Gott wohnt. Das ist kein bösartiges Desinteresse, sondern allein der Tatsache geschuldet, dass sie einander noch nie begegnet sind. Jedenfalls aus Herrn Großschmidts Sicht. Es gibt ihn irgendwo, aber es spielt keine Rolle. Gott und er, findet Herr Großschmidt, leben in zwei Universen.

Lia, seiner Tochter, reicht jedoch die Ortsangabe »Himmel« voll und ganz. Das ist doch schon mal was.

Den Himmel kann man sehen, also kann er nicht allzu weit weg sein, wie China zum Beispiel, das man nicht sehen kann.

Lia würde Gott gern mal besuchen. Um zu sehen, wie er wohnt, und ob er ein Haustier hat und einen Garten, so wie Lia. Und es könnte ja auch sein, denkt Lia, dass Gott sie gern einmal kennenlernen würde.

Um zu gucken, ob Gott vielleicht gerade aus seinem Himmel schaut, beschließt Lia rauszugehen, was Herrn Großschmidt nicht unrecht ist, weil er so in Ruhe seine Zeitung lesen kann.

Es ist ein sonniger, kalter Tag. In der Nacht hat es geregnet, was Lia schade findet. Schnee wäre besser gewesen. Lia legt den Kopf in den Nacken und guckt. Schäfchenwolken ziehen vorbei. Das sieht hübsch aus, aber Gott entdeckt sie nicht.

»He«, ruft sie, »bist du da?« Keine Antwort. Vielleicht schläft er noch. Vielleicht hört er sie aber auch einfach nicht. Lia stellt sich auf die Zehenspitzen, ruft noch einmal und guckt angestrengter. Nach zwei Minuten tut ihr der Nacken weh.

So geht es nicht, denkt sie, ich muss näher dran. Aber wie? Alles Gute kommt von oben, sagt Opa immer. Lia hat sich noch nie Gedanken darüber gemacht, aber auf einmal findet sie das komisch. Wie sollen denn all die guten Sachen auf die Erde kommen? Sie hat schon Regentropfen fallen sehen, auch Hagel und wenn man Glück hatte, sogar Schnee. Aber Sachen? Sie stellt sich vor, wie Bananeneis vom Himmel fällt oder Flummis oder Opas Tabletten, die er unbedingt braucht, weil sonst sein Herz ausgeht. Wenn man doch nur mal reingucken könnte, in den Himmel! Aber dafür müsste man näher drankommen. Lia schaut sich um. Die Leiter! Mit der Leiter haben sie im Sommer Kirschen gepflückt. Lia läuft zum Kirschbaum. Sie steht noch da. Mama schimpft immer, dass Papa nie aufräumt. Ein Glück. Lia klettert die Sprossen hoch. Sie ist eine gute Kletterin. Aber sie merkt sofort, dass es noch nicht reicht. Also höher. In den Kirschbaum hinein. Er hat schöne dicke Äste. Ein idealer Kletterbaum.

Mama sagt immer, sie soll nicht in den Baum klettern, weil sie sich sonst eines Tages das Genick bricht. Aber das ist natürlich Quatsch. Lia weiß genau, wohin sie treten muss, um nach ganz oben zu kommen, dort, wo die Äste sich gabeln und einen Sitz bilden, von dem aus man bis zum Wald sehen kann.

Lia legt wieder den Kopf in den Nacken. Das ist gar nicht so leicht, weil man das Gleichgewicht halten muss. Sie hält sich fest, guckt und ist enttäuscht. Der Himmel ist kein Stück näher gekommen. Offenbar bringt es überhaupt nichts, irgendwo hochzuklettern. Will Gott nicht, dass man ihn besucht? Warum sonst sollte er sich einen so unerreichbaren Wohnort ausgesucht haben? Opa wohnt auf dem Land, aber zu ihm fährt wenigstens ein Bus. Sie erwägt kurz, ob sie es mit dem Dach versuchen soll. Aber erstens ist es nicht viel höher als der Kirschbaum und zweitens könnte es Ärger mit Papa geben. Enttäuscht guckt sie runter auf die Straße, die eigentlich keine richtige Straße ist mit Asphalt und so, sondern nur ein Sandweg mit lauter Pfützen. Mama ärgert das, weil das Auto immer so dreckig wird, aber Lia findet es gut, weil man mit Gummistiefeln hineinspringen kann. Und just während sie daran denkt, die Gummistiefel rauszuholen, sieht sie es: der Himmel.

Er ist da unten. In den Pfützen spiegeln sich die Wolken und das Wasser leuchtet blau. Aufgeregt klettert Lia von ihrem Baum und läuft zu einer besonders großen Pfütze. Und tatsächlich. Da ist er, der Himmel. Man kann sogar hineinfassen. Irgendwo hier, denkt Lia, wohnt also Gott. Sie sagt »Hallo« und entdeckt eine Ameise und einen toten Marienkäfer. Ein bisschen von ihrem Gesicht sieht sie auch. Es lächelt sie an. Lia sitzt ganz still. Sie hat ihr Kinn auf die Hand gestützt und schaut. Eine Meise hüpft heran und trinkt zwei Schlucke. Lia rührt sich nicht. Ihr gefällt, was sie sieht. Den Marienkäfer wird sie nachher begraben. Das hat sie schon mal gemacht, mit einer Maus. »Du bist schlau«, sagt sie zur Ameise oder zur Meise oder zu der Wolke in der Pfütze und meint Gott, »ich würde den Himmel auch auf die Erde tun. Da kommt man viel besser dran. Da oben in den Wolken, das ist doch nichts.«

»Na Lia, was machst du Schönes?«, posaunt eine Stimme, sodass sie fast in die Pfütze fällt. Es ist Frau Mückenbier. Sie wohnt nebenan und ist eigentlich ganz nett. Sie spielt Klavier. »Ach«, sagt Lia leichthin, »ich gucke mir den Himmel an.« Frau Mückenbier lacht. »Aber Schätzchen, der Himmel ist doch da oben!«

»Ja«, nickt Lia nachsichtig, »das habe ich auch mal geglaubt.«

Papa, wo wohnt Gott?

17

Der Traum

Die Hütte steht am Wald. Eigentlich ist die Hütte keine Hütte, sondern ein Bauwagen, von dem irgendwann mal die Räder abgeschraubt wurden. Als klar war, dass er nirgendwo mehr hinfahren sollte. Eine frühe Dämmerung hat begonnen, die Bäume in Schattenrisse zu verwandeln. Magda kommt gern hierher, obwohl Oma der sonderbarste Mensch ist, den sie kennt. Wer lebt mit dreiundsiebzig Jahren schon in einem Bauwagen? »Hast du denn keine Angst?«, hat Magda einmal gefragt und Oma hat gelacht, als sei das eine besonders lustige Idee. »Ich habe doch meine Gänse!« Die Gänse schnattern draußen. Manchmal schlachtet Oma eine, und dann gibt es Gänsebraten für alle. Eigentlich ist Oma gar nicht Magdas Oma, sondern Papas Tante. Aber weil sie keine eigene Familie hat und weil es nie langweilig mit ihr war, wählte sie Magda einfach als Leihoma.

Im Bauwagen brennt Licht. Es flackert ein bisschen, und Magda weiß, dass Oma den Ofen angemacht hat. Vielleicht gibt es Blinis. Das sind kleine Pfannkuchen aus Russland. Oma sagt, sie war mal in Russland und wäre fast Zarin geworden. Aber Magda weiß nicht, ob sie ihr das glauben soll. Sie stellt ihr Fahrrad am Zaun ab. Die Gänse schnattern empört. »Schschsch«, macht Magda und zieht ihre Handschuhe aus. Dann klopft sie an die Tür.

Oma trägt einen gestrickten Pullover und einen Schal mit Streifen. »Schnell, schnell, schließ die Tür, damit der Wind nicht reinkommt!« Magda tut, wie ihr geheißen. »Setz dich, der Tee ist heiß und die Blinis auch.« Oma fragt nach der Schule und wie es Papa geht. »Bald ist Weihnachten«, beginnt Magda zögernd und wirft einen vorsichtigen Seitenblick auf Oma. Ihre Stirn kräuselt sich. »Mmm«, macht sie, »so wird es wohl sein.« »Kommst du?« Magda will unbedingt mit Oma Weihnachten feiern. Aber sie weiß, dass Oma nicht gern kommt. Es ist ihr zu laut. Zu viele Menschen. Am liebsten bleibt sie hier im Wald. »Allein mit meinem lieben Gott, das weißt du doch.« »Ich sehe keinen Gott«, erwidert Magda und es klingt trotziger als gewollt. Aber Oma lächelt bloß. »Ich träume von ihm«, sagt sie und greift nach der Pfeife auf dem Tisch. Oma ist die einzige Frau, die Magda je mit Pfeife gesehen hat. Die Schneeflocken fallen jetzt dick und flauschig.

»In meinen Träumen steht Gott am Fenster und wartet auf den Abend. Die Stube ist warm. Er sitzt am Tisch und duftet wie Brot. Es gibt einen freien Stuhl, der ist für mich. Sein Holz ist glatt von all den Jahren. In meinen Träumen ist Gott der Wächter der Nacht. Seine Glocke läutet in der Dunkelheit. Wer jetzt nicht daheim ist, den ruft er nach Haus. Die Müden singt er in den Schlaf. Die Weiden lässt er rauschen, sanft wie sein Atem über der Welt.«

Einen Moment meint Magda tatsächlich ein Rauschen zu hören. Es wird der Wind sein, der die Schneeflocken vor sich hertreibt.

»In meinen Träumen ist Gott der Lotse auf dem Strom der Zeit«, fährt Oma fort. »Breit fließt er dahin und schwarz sind seine Tiefen. Ich bin ein Boot auf dem Wasser. Ein kunterbuntes Boot.« Sie lächelt versonnen. »Gott weiß, wohin ich will.«

Magda schaut Oma mit großen Augen an. So hat sie Gott noch nie gesehen. »Müsstest nicht eher du wissen, wohin Gott will?«

»Ach weißt du«, antwortet Oma, und ihr Blick ist nun wieder klar, »vielleicht ist das ganz genau dasselbe. Wohin sollte Gott mich denn bringen, wohin ich nicht will?« Magda überlegt einen Moment. »Wolltest du denn hier hin? Hier, wo du jetzt bist?«

Oma nickt. »Sicher.«

»Wie kannst du das so genau sagen?«

Oma steht auf und legt ein Stück Holz in die Glut. Sie nimmt den Kessel und füllt Magdas Glas. »Ich kann es sagen, weil ich ja hier vor dir stehe. Wo sollte ich sonst sein?« Magda zuckt mit den Schultern. »Du hättest heiraten können. Du hättest ein richtiges Haus bauen oder studieren können. Ich weiß es nicht. Was man so für Träume hat.«

»Ich habe einfach immer von Gott geträumt.«

»Woher bist du so sicher, dass es ihn gibt?«

»Ich habe ihn in meinen Träumen ja gesehen.«

»Aber was, wenn er nur in deiner Fantasie ist?«

»Und was, wenn ich in seiner Fantasie bin?«

Magda nippt an ihrem Tee. Er macht warm und ihr ist ein bisschen schwummrig im Kopf.

»In meinen Träumen sagt Gott stets: ›Magda, so machen wir es!‹ Und dann gehen wir zusammen hinaus in den Garten und pflücken die Blaubeeren oder sammeln ein paar Kartoffeln und wenn wir in den Apfelbaum geklettert sind, dann wusste ich immer, Gott wird schon aufpassen, dass ich nicht hinunterfalle. Und ich habe aufgepasst, dass Gott nicht fällt.«

»Gott kann fallen?«, fragte Magda ungläubig.

»Aber natürlich.«

»Wie denn?«

»Indem du ihn fallen lässt. Das kann ganz schnell gehen. Da musst du aufpassen.«

»Ist Gott denn – zerbrechlich?«

»Sicher.«

»Ich dachte, Gott sei stark.«

»Gott ist ein Kind.«

»Wie merkwürdig …«

Oma zieht an ihrer Pfeife. »Ja. Das ist es wohl.« Gedankenverloren schaut sie aus dem Fenster. »Wer träumt«, fügt sie dann hinzu, »braucht keine Angst zu haben.«

Magda schaut sie fragend an. »Wie meinst du das?«

»Wer träumt, hat immer genug. In meinen Träumen läutet Gott an der Tür. Er ist der Bote mit dem Paket. In meinen Träumen gibt Gott alles. Ich habe immer geträumt. So konnte ich ihn nie verlieren.«

Wenn wir in den Apfelbaum kletterten
wusste ich: Gott passt schon auf.

18

Jakob lächelt

An einem Wintermorgen wurde Jakob geboren. Niemandem passte das so wirklich, denn es war Weihnachten. Weihnachten gab es anderes zu tun. Aber das Kind lächelte, und man nahm es mit nach Hause. Jakob war ein schmaler Junge. Seine Wiege stellte man unter den Tannenbaum, dessen Nadeln piekten, und Jakob weinte darüber, wie es jeder Säugling getan hätte. Nur dass sein Gesicht, während er weinte, gleichzeitig zu lächeln schien, das war sonderbar.

Er kam so ungelegen in seine Zeit, man war nicht auf

ihn vorbereitet. Alles ging weiter, der Wecker klingelte morgens um fünf, Milch musste gekauft, das Treppenhaus gefegt und die Post geöffnet werden. Jakob kam überallhin mit. Er lernte den Supermarkt, die Tankstelle und die Leihbücherei kennen. »Was für ein merkwürdiger Junge«, sagten die Leute. »Er lächelt, wenn er weint.« Jakob machte ihnen Angst, doch das wollte niemand zugeben, denn wer will schon zugeben, einen Säugling zu fürchten? Jakob wuchs, wie alle Kinder wachsen, und eines Tages war er groß genug, um in die Schule zu gehen. Er war nicht dumm. Seinen Namen lernte er zu schreiben, das Rechnen fiel ihm leicht. Im Sportunterricht fiel er vom Barren, aber auch andere Kinder fielen. Ungewöhnlich war nur sein Verhältnis zum Schmerz. Er weinte wie alle Kinder, mal mehr und mal weniger. Weder war er besonders verzärtelt noch besonders hart. Aber er lächelte, wenn er weinte.

Die Kinder spürten, dass er anders war. Es war ihnen nicht geheuer. Man weint bei Schmerz, und man lacht bei Freude, das weiß selbst der Dümmste. Sie fragten sich, ob er sich insgeheim über sie lustig machte, ein Sonderling, der sich für etwas Besseres hielt. Und so kniffen und piekten sie ihn, weil sie sehen wollten, wann er aufhören würde zu lachen. Doch er hörte nicht auf.

Als Jakob älter wurde, begannen die Mädchen ihn zu mögen. Er hatte braune Locken und sie sahen etwas in ihm, von dem sie träumten. Sie schrieben ihm Briefchen, kleine, zusammengefaltete Zettel. Sie gingen mit ihm ins

Holz, dorthin, wo der Weißdorn blüht, und hofften auf einen Kuss. Sie träumten in der Nacht von ihm und am Morgen buken sie einen Kuchen und brachten ihn zu Jakob, um sein Lächeln zu sehen. Wieder wurden die anderen wütend, die anderen Jungs, die weniger lächelten, weil sie Jungs waren. Jungs haben stahlharte Muskeln und können einen Ball durch die Luft schießen, dass es nur so kracht, sie spucken auf die Erde und manchmal können sie auch höflich sein, zum Beispiel um einem Mädchen die Tür aufzuhalten, aber sie lächeln nicht wie ein tumber Kerl, der die Welt nicht versteht. Doch Jakob verstand die Welt. Er sah sie nur anders.

»Warum lächelst du immer?«, fragte ihn eines Tages ein Mädchen, mit dem er am Bach saß und einen Apfel aß. Er blickte auf und sah sie erstaunt an. »Was soll ich denn sonst tun?«, fragte er, und wie es aussah, meinte er es ernst. »Ich mag das Leben.«

»Das Leben ist manchmal traurig. Man muss weinen. Und manchmal tut es weh«, wandte das Mädchen ein. Jakob nickte, denn er kannte das. »Manchmal weine ich«, sagte Jakob, und er wusste nicht, ob das richtig war, denn ein Junge sollte ja eigentlich nicht weinen. Das Mädchen zögerte und wandte fragend ein: »Die Leute sagen, du lächelst sogar, wenn du weinst.« Jakob überlegte einen Moment. Dann nickte er. »Ich kann nicht anders. Es bleibt ja das Leben.« »Wie meinst du das?« Jakob hatte noch nie genauer darüber nachdenken müssen, denn noch nie hatte ihn jemand danach gefragt. »Magst du den

Schmerz?«, setzte das Mädchen erneut an. Jakob schüttelte den Kopf. Nein, den Schmerz mochte er nicht. »Ich mag den Schmerz nicht, aber ich mag das Leben. Das Leben ist gut. Es gibt also zwei Möglichkeiten: Der Schmerz gehört dem Leben und alles ist gut. Oder das Leben gehört dem Schmerz und alles ist schlecht.« Er hielt einen Moment inne. Dann fügte er hinzu: »Ich mag die erste Möglichkeit lieber.« Dem Mädchen schwindelte ein wenig der Kopf, denn es wusste nicht, ob er recht hatte oder verrückt war. Deshalb nickte es nur und sagte: »So siehst du das.« Und er nickte auch. Dann gingen sie zurück durch die Wiesen. Sie trafen sich noch ein paar Mal, bis das Mädchen fortzog, und später hörte man, dass es einen rothaarigen Berufssoldaten heiratete und ihm fünf Kinder schenkte.

Jakobs Geschichte endete einige Jahre nach dem Nachmittag am Bach. Es war ein ungewöhnlich lauer Frühlingsabend, er war gerade neunzehn geworden. Ein paar Jungs hatten ihn in die Ecke gedrängt. Er kannte sie nicht genauer, aber sie kannten ihn, und er machte sie wahnsinnig mit seinem Lächeln. Sie waren sicher, dass er sie alle verhöhnte. Es wurde Zeit, es ihm auszutreiben, ein für alle Mal. Dann würde er sehen, dass es nicht zum Lachen ist, das Leben. Sie traten auf ihn und spuckten ihn an und einer schlug mit einem Stock auf seinen Kopf, dass das Blut über sein Gesicht floss, das lächelte und nicht aufhörte zu lächeln, nicht im Schrei und nicht im Schmerz und auch nicht, als seine Seele davonschwebte. Und so starb er lächelnd, und die Jungen standen entsetzt da, denn er hatte gesiegt und sie würden nie mehr siegen, nie. Das hatten sie nicht gedacht und auch nicht gewollt, und nun mussten sie leben mit diesem Lächeln, niemand konnte es ihnen abnehmen, sodass es blieb, für immer.

Er hatte gesiegt.

19

Tagebuch eines Weihnachtsengels

5. Dezember
Liebes Tagebuch, heute hatte ich meinen ersten Tag als Engel. Es war anstrengender als gedacht. Die Leute scheinen Schwierigkeiten mit Engeln zu haben. Für den Anfang habe ich eine Fußgängerzone ausgewählt. Da gibt es immer was zu tun, dachte ich. Ich wollte einer alten Frau helfen, ihre Einkäufe zu tragen. Sie schleppte drei Tüten. Als ich ihr zwei davon abnehmen wollte, schrie sie »Räuber, Räuber!« und schlug mir ihren Regenschirm auf den Kopf. Jetzt habe ich eine Beule.

6. Dezember

Heute ist Nikolaustag. Ein schöner Brauch. Ich beschloss, Rosen zu verschenken. Rosen sind doch wirklich etwas Besonderes. Aber als ich an der ersten Tür klingelte und mein liebenswürdigstes Lächeln aufsetzte, zischte die Frau, die mir öffnete: »Wir kaufen nichts!« Es klang böse. Ich beeilte mich zu sagen, dass ich gar nichts verkaufen wolle, sondern ganz im Gegenteil etwas verschenken. Daraufhin guckte sie noch misstrauischer und knallte die Tür vor meiner Nase zu. Ich schaffte es gerade noch, zurückzuspringen. Auch an der nächsten Tür wurde es nicht besser. Ein Mann im Unterhemd brüllte in die Tiefen seiner Wohnung, ob ihm Madame wohl erklären könne, was das für ein fremder Kerl sei, der mit Rosen vor seiner Haustür stehe. Ich entschuldigte mich zuvorkommend, aber ich glaube, er hörte mich nicht. Rosen scheinen auch keine gute Idee zu sein.

7. Dezember

Heute nahm ich mir vor, mich den Kindern zu widmen. Kinder haben reine Seelen. Ich steckte ein paar Abziehbilder ein und begab mich auf einen Spielplatz. Dort wimmelte es nur so von Kindern. Beste Voraussetzungen, dachte ich und suchte mir einen Rotschopf aus, der ganz allein ein bisschen abseits saß. Ich dachte, vielleicht könnte er ein bisschen Trost gebrauchen. »Schau mal Kleiner«, sagte ich, »was ich hier habe.« Ich hielt ihm die Abziehbilder hin. »Du kannst dir eins aussuchen.« Er streckte mir die Zunge raus und sagte: »Hab ich schon.« Ich kramte in meiner Tasche nach anderen Bildchen, aber er fragte: »Hast du Ninja Turtles?« Ich fragte ihn, was das sei. Er verdrehte die Augen und sagte: »Du bist dumm.« Weiter konnten wir uns nicht unterhalten, denn seine Mutter zog ihn weg und drohte mit der Polizei, wenn ich mich noch einmal ihrem Sohn nähern würde. Auch dieser Tag war nicht besonders erfolgreich.

9. Dezember
Ich bin frustriert.

12. Dezember
Gestern habe ich mir freigenommen. Ich nutzte die Zeit, um über meinen Auftrag nachzudenken. Nüchtern betrachtet, konnte ich ihn noch kein einziges Mal erfüllen. Die Menschen wollen sich anscheinend nicht erfreuen lassen. Noch habe ich den Grund dafür nicht herausgefunden. Aber ich werde weiterforschen.

14. Dezember
Ich habe beschlossen, mich auf meine Kernkompetenz zu verlegen und zu trösten. Dazu ist ein Engel da. Auf einer Parkbank fand ich eine schluchzende Frau. Wunderbar, dachte ich und setzte mich zu ihr. Ich reichte ihr ein Taschentuch, das sie auch nahm. Endlich mal ein Erfolgserlebnis. Auf meine Frage, ob ich ihr helfen könne, beteuerte sie allerdings standhaft, dass alles gut sei. Es ginge ihr

prima. Ich war überrascht. Sollte mich meine Wahrnehmung so täuschen? Sie stand auf und wünschte mir noch einen guten Tag. Die Menschen sind noch komplizierter als angenommen.

16. Dezember
Ich lasse nicht locker. Diesmal setzte ich mich zu einem Obdachlosen. Ich dachte, vielleicht möchte er mir sein Herz ausschütten und seine Lebensgeschichte erzählen. »Wo wohnstn?«, fragte er. »Im Himmel«, sagte ich schüchtern, denn ich wollte ihn durch mein so offenbar besseres Zuhause nicht beschämen. »Alles klar, und ich wohn in Ali Babas Schloss! Ich bin zwar obdachlos, aber nicht matsche in der Birne.« Ich versuchte, ihm zu erklären, dass ich ein Engel bin, woraufhin er erwiderte, dann sei er Jesus Christus persönlich. Ich entgegnete, zufällig wüsste ich aus sicherer Quelle, dass das nicht sein könne, aber er meinte, ich solle Leine ziehen.

Wieder kein guter Tag.

19. Dezember
Meine Aufgabe setzt mir stärker zu als gedacht. Ich erwäge, ein Coaching zu beantragen. Es kann schwerwiegende Auswirkungen haben, wenn man das Gefühl hat, die eigene Arbeit wird nicht geschätzt. Ich habe gehört, dass man sogar Depressionen davon bekommen kann. Ein depressiver Engel ist kein guter Engel.

21. Dezember
Weihnachten naht. Darum beschloss ich heute, es mit etwas Klassischem zu versuchen, und stellte mich auf den Marktplatz, um zu singen. Zwar spiele ich keine Harfe, aber meine Stimme ist ganz leidlich. Ich musste mich gegen eine Gruppe peruanischer Panflötenspieler, zwei Kinderchöre, von denen einer über Triangeln und Tamburine verfügte, sowie einen mongolischen Obertonsänger durchsetzen. Außerdem schallte aus einem Kaufhaus »Jingle Bells« in Dauerschleife. Ich verlor.

23. Dezember
Ich weiß nicht mehr weiter. Morgen ist Weihnachten, und ich scheine meinen Auftrag nicht erfüllen zu können. Dabei schien er so einfach: Freude verkünden. Ich bin kein Todesengel und kein Racheengel, ich bin einer von der ganz netten Sorte. Und trotzdem. Ich war so dankbar, nicht in ein Land wie Ruanda, Syrien oder Kolumbien geschickt zu werden, sondern nach Westeuropa. Wo die Menschen freundlich und offen sind, weil es ihnen gut geht. Ich war naiv.

24. Dezember
Mitternacht. Nach all den Tiefschlägen der letzten Tage fragte ich mich ernsthaft, ob ich überhaupt gemacht bin für diesen Beruf? Ich könnte mir im neuen Jahr etwas anderes suchen. Vielleicht werde ich Briefträger.

Ich hatte beschlossen, in eine Kirche zu gehen. Nachdem ich es auf den Plätzen und in den Straßen dieser Stadt schon versucht hatte, schien mir das der geeignetste Ort zu sein. Zur Feier des Tages zog ich meine Festtagssachen an. Weißes Kleid, Federflügel, das volle Programm.

Um drei Uhr kam ich nicht mehr hinein in die Kirche. Die Dame am Eingang sagte mitleidig, da hätte ich schon vor einer Stunde da sein müssen. Am besten über Mittag einen Platz reservieren. Ich war überrascht. Ich wusste gar nicht, dass es um den Glauben so gut bestellt ist! Ich erfuhr, dass es noch drei weitere Gottesdienste gäbe, und verlegte mich erleichtert aufs Warten. Um 16 Uhr kam ich dann auch hinein. Ich stellte mich vorn neben den Weihnachtsbaum und rief: »Fürchtet euch nicht!« Weiter kam ich nicht. Ein Mann in dunklem Anzug zog mich zur Seite und raunte, ich wäre noch nicht dran.

Um 18 Uhr war es ruhiger. Voller Hoffnung wollte ich meine Botschaft unter die Menschen bringen. Ich stellte mich auf die oberste Stufe und wollte gerade ansetzen, da kam mir der Posaunenchor zuvor. Meine Worte verklangen unter »Oh du Fröhliche!« Um 23 Uhr war ich erschöpft. Dennoch trat ich vor und rief: »Euch ist heute der Heiland geboren!« Der Pastor zischte, dass wir doch abgesprochen hätten, eine moderne Übersetzung zu benutzen. Ich wusste nicht, was er meinte, und gab auf.

Draußen setzte ich mich auf die Stufen der Kirche. Die klare Luft tat gut. Ich saß eine ganze Weile dort und fühlte mich sehr leer. Dann läuteten die Glocken und die Menschen strömten hinaus. Plötzlich legte sich eine Hand auf meine Schulter. »Bist du ein Engel?«, fragte eine alte Dame. Sie trug einen gestreiften Pyjama unter ihrem Mantel, was ich sonderbar fand. Ich nickte. Sie strahlte. »Na, dann guck doch nicht so bedröppelt. Ist doch Weihnachten!« Schnell zog sie ein mittelalter Mann beiseite und entschuldigte sich. Seine Mutter sei etwas wirr. Wirr? Vielleicht. Aber sie hatte mich erkannt. Ich war gerettet. Frohe Weihnachten!

Bist du ein Engel?

20

Die auferstandene Weihnachtsgans

Weihnachten feiert Familie Schindel jedes Jahr. Und jedes Jahr gibt es eine Katastrophe. Im Dezember, wenn die Heiligen Tage näher rücken, beginnt Frau Schindel über das Festmahl nachzudenken. »Schatz«, flötet sie dann beispielsweise, »ich könnte einen Seitanbraten mit marinierten Zimtsprossen machen. Wie klingt das für dich?« »Fürchterlich«, hätte Herr Schindel am liebsten gesagt, aber weil er ahnt, dass dies ein Drama auslösen würde, schweigt er und verzieht lediglich angeekelt das Gesicht. Zum einen, weil er nicht genau weiß, was Seitan ist (aber

Schlimmstes befürchtet), zum anderen, weil er bereits an die Auseinandersetzung mit seinem Sohn denkt, der es vorgezogen hatte, Schlachter zu werden, statt ins familieneigene Versicherungsgeschäft einzusteigen. Als solcher hat er eine Vorliebe für Fleischgerichte. Und war Seitan nicht irgendwas Vegetarisches?

»Jetzt zieh doch nicht schon wieder so einen Flunsch«, faucht Frau Schindel. »Du hast wirklich an allem etwas auszusetzen!« Damit übertreibt sie zwar, aber nur ein wenig. »Immer dieses Weihnachtsdrama! Sollte man abschaffen, das ganze Fest!«, brummt er.

Er wäre überrascht zu hören, dass seine Schwiegertochter, mit der ihn nur wenig verbindet, in diesem Punkt vollkommen seiner Meinung ist. Just im selben Moment seufzt diese: »Martin, es ist fürchterlich. Müssen wir wirklich zu deinen Eltern? Können wir nicht einmal an Weihnachten was Schönes machen?« Martin hört das nicht gern. Denn obwohl auch er mit Grausen dem veganen Körnerhaufen (oder was immer es in diesem Jahr geben würde) entgegensieht, sind es doch seine Eltern und niemand lässt gern seine Eltern beschimpfen. Deshalb antwortet er streng: »Musst du denn jedes Mal so ein Aufhebens darum machen? Kannst du mich nicht einfach mal unterstützen? Weihnachten feiert man eben in der Familie. Ich kann nichts dafür, dass deine Eltern sich für Hippies halten und Gomera ihrer eigenen Tochter vorziehen.« »Sie haben uns eingeladen, das weißt du genau!« »Um Heiligabend nackt am Strand zu tanzen? Nein danke! Ich will Weihnachten einen Tannenbaum und Gänsebraten. Schlimm genug, dass Mutter ihren Vegetarierquatsch durchzieht!« »Ihr werdet sowieso nur streiten«, mault Jane. »Umso wichtiger, dass du auf meiner Seite bist.« »Und wer ist auf meiner Seite? Interessiert sich eigentlich irgendwer dafür, was ich will?«

Das Fest naht. Aber zuvor geschieht etwas Merkwürdiges. Am 22. Dezember haben alle vier den gleichen Traum. (Nicht, dass sie davon wissen, denn Familie Schindel pflegt gewiss nicht, einander ihre Träume zu erzählen.) Die vier träumen von einem Engel, hell und von stattlicher Gestalt, der sich vor ihnen aufbaut und spricht: »Frieden auf Erden! Den Menschen ein Wohlgefallen!«

»Oh«, denkt Herr Schindel und hat ein schlechtes Gewissen, als er morgens erwacht. Deshalb beschließt er, etwas Ungewöhnliches zu tun. Er wird das ganze Weihnachtsfest über positiv gestimmt sein. Der liebreizendste Mensch, den man sich vorstellen kann. Zufrieden erhebt er sich aus dem Ehebett, in dem nun auch seine Frau aufwacht. Sie hat den Traum ebenfalls noch im Sinn und auch sie fühlt sich irgendwie schuldig. Also fasst sie einen mutigen Entschluss: »Ich werde eine Weihnachtsgans braten. Ich werde sie alle überraschen und am ersten Feiertag eine echte, klassische Weihnachtsgans auf den Tisch bringen.« Noch im Nachtkleid macht sie sich auf die Suche nach dem einzig wahren Weihnachtsgansrezept.

Etwa zur selben Zeit erhebt sich hundert Kilometer

südlich ihr einziger Sohn aus seinem Bett. Auch er erinnert sich an den Traum und beschließt beherzt, dieses Mal mit Freuden vegetarische Weihnachten zu feiern. »Ich werde kein Stück Fleisch anrühren, nicht einmal daran denken werde ich«, verspricht er seinem Spiegelbild feierlich und beginnt, sich zu rasieren. Währenddessen erwacht seine Gattin aus ihren Träumen. Auch auf sie hat der Spruch des Engels großen Eindruck gemacht. »Was bin ich doch für eine schlechte Ehefrau«, schilt sie sich und nimmt sich das Undenkbare vor, nämlich zu allem »Ja« zu sagen, was ihr Gatte von sich gibt. »Ich werde ihn in vorbildlicher Weise unterstützen. Weil Weihnachten ist.«

Heiligabend kommt. Man trifft sich abends bei den Schindels zu Punsch und Keksen. Herr Schindel lächelt, dass ihm die Backe wehtut. »Mutter«, beeilt sich Martin zu sagen, und legt so viel Wärme in seine Stimme, wie es ihm nur möglich ist angesichts ihres gebatikten Baumwollschals, »weißt du, was ich letztens las? Seitan soll vortrefflich für die Verdauung sein!« »Ja«, pflichtet Jane ihm bei, »Martin ist eine gute Verdauung sehr wichtig!« (Mein Gott, was rede ich da, denkt sie, als sie den befremdeten Blick ihres Schwiegervaters wahrnimmt, der sich allerdings sofort bemüht, weiter zu strahlen.) »Ach«, lächelt Frau Schindel, »Seitan gibt es diesmal nicht. Ich habe eine wunderbare Überraschung für euch!« Wie freut sie sich auf den Moment, in dem alle voller Genuss in ein Gänsebein beißen. Oder in einen Flügel. Oder was sonst dran ist an so einem Tier. (Wenngleich sie noch keine Ahnung hat, wie sie das ekelige Ding morgen zubereiten soll.)

»Was macht dein Yogakurs, Mutter?« »Was macht das Schlachten, Junge?«, fragen beide gleichzeitig und es entsteht eine Sekunde erstaunten Schweigens, das Jane sofort unterbricht, indem sie nickend kundtut: »Yoga soll so erfüllend sein! Ich wollte schon immer mal einen Kurs besuchen!« Diesmal ist es ihr Mann, der sie irritiert ansieht. »Ich dachte, du magst diese esoterischen Sachen nicht.« »Nein, Schatz«, beeilt sie sich ihm beizupflichten, »da hast du vollkommen recht.« Nun schauen alle überrascht ob dieser Unlogik. Keinem fällt eine passende Entgegnung ein, sodass sich Herr Schindel wieder aufs Lächeln verlegt und zusammenfasst: »Wie schön, dass wir uns endlich mal über all dies austauschen.« Frau Schindel hat gar nicht zugehört. Mit Grausen denkt sie daran, dass man den Bauch so einer Gans zunähen muss, wenn man sie gefüllt hat. Zunähen! Das picklige rosa Fleisch! Sie würgt. »Ist dir nicht gut, Schatz?«, fragt ihr Mann bemüht besorgt, denn seit seine Frau sich vollwertig ernährt, gibt ihr Körper allerlei sonderbare Geräusche von sich. »Wir erwägen jetzt auch, Tofuschnitzel zu produzieren«, nimmt Martin den Faden wieder auf. Das ist eine glatte Lüge, aber er hat vor ein paar Tagen eine Reportage über die Dinger gesehen. »Ach«, beeilt sich seine Mutter zu antworten, »manchmal ist so ein Stück Fleisch doch was Schönes. Besonders zu Weihnachten. Wenn ich mir so eine knusprige Gans vorstelle, läuft mir das Wasser im

Mund zusammen. Ich kann gar nichts dagegen machen.« Alle sehen sie überrascht an. »Nein, nein«, beeilt sich Jane ihrem Mann beizupflichten, »es muss wirklich nicht immer Fleisch sein. Ich will da auch kürzertreten.« Martin sieht sie entsetzt an. Jetzt wird sie wie Mutter, denkt er und fragt sich, wie teuer eine Scheidung wohl werden würde. »Es geht ja nun wirklich nichts über eine ordentliche Wurst«, platzt es aus ihm raus, da fällt ihm sein Vorsatz ein, er schlägt sich auf den Mund und ergänzt: »Aus Tofu natürlich!« Herr Schindel hat zwischenzeitlich den Faden verloren und schweigt ratlos. Auch den anderen fällt nichts mehr ein. Man pflichtet sich bei, wie müde dieser Punsch doch mache, und beschließt, früh ins Bett zu gehen.

Alle schlafen schlecht. Frau Schindel denkt mit Grausen an das kalte gerupfte Tier in ihrer Küche. Herrn Schindel tut die Backe weh. Martin erkennt seine Frau nicht wieder und Jane nicht ihren Mann.

Der Engel, der für den Traum verantwortlich ist, hat jedes Wort mitgehört und ist in immer größere Panik gefallen. Nervös kaut er an seinen Flügelspitzen. »Das gibt eine Katastrophe! Ich wollte doch nur ihr Weihnachtsfest retten. Was soll ich bloß tun?« Morgen würden sie gar nichts mehr zu reden wissen, und wenn dann auch noch die Mutter ihre Gans auf den Tisch stellen würde (falls sie bei der Zubereitung nicht in Ohnmacht fällt) und ihr geliebter Sohn nicht davon kosten und ihre Schwiegertochter sie aus Solidarität ebenfalls verschmähen würde und ihr Gatte das alles ganz wunderbar finden und fieberhaft nach etwas Positivem daran suchen würde – na dann gute Nacht! Warum müssen sie bloß so maßlos übertreiben? Hätte es denn nicht gereicht, dass alle ein bisschen nett zueinander sind? Ratlos brütet der Engel vor sich hin. Plötzlich fällt es ihm ein: die Gans. Die Gans ist die Lösung. Sie muss weg. Mutter Schindel wird so erleichtert sein, dass das Federvieh verschwunden ist, dass sie nach dem Wie und Warum gar nicht erst fragen wird. Möglicherweise würde sie sogar an eine Auferstehung des Tieres glauben. Und die anderen hatten sich ohnehin auf Tofu oder Seitan oder was auch immer eingestellt. Der Engel gratuliert sich zu seinem Einfall.

Und so geschieht es. Es gibt Räuchertofu in Preiselbeerteig, Martin isst und strahlt tapfer (und es ist tatsächlich weniger fürchterlich als erwartet), seine Gattin tut es ihm gleich und Herr Schindel genießt das erleichternde Gefühl, einen ganzen Abend lang nicht von seiner Frau getadelt zu werden. Auch das Lächeln fällt ihm schon leichter. Es wird ein erstaunlich entspanntes Weihnachtsfest. Und alles nur wegen einer auferstandenen Gans. Wenn sie das noch hätte erleben können.

Frieden auf Erden!

21

Anfänger sein

Mit sechzehn, da hatte Ben noch Träume. Mit sechzehn wollte er Musiker werden, Bassist. Er übte sich die Finger wund und sah sich auf großen Bühnen mit tanzenden Fans, er wollte werden wie Flea von den Peppers oder wie Sting. Dann machte er sein Abitur. Ihr müsst was werden, sagten die Lehrer. Assessmentcenter, Akquirierungsmessen, Traineejobs, duales Studium. Keine Flausen mehr. Werde was, dann biste was. Biste was, dann haste was. So ging das, und irgendwann konnte er es nicht mehr hören. Sein Bruder, der hatte alles richtiggemacht. Einser-Abitur.

Ausbildung und Studium. Geradlinig. Erfolgreich. Eingestiegen in Vaters Geschäft. Frau geheiratet. Sohn bekommen. Herzlichen Glückwunsch. Er dagegen sitzt die meiste Zeit in seinem Zimmer und starrt die Wand an.

Bis er eines Nachts diesen Traum hat. Er steht an einem Grab. Er kann nicht sehen, wer darin liegt. Jemand ruft ihn, aber er antwortet: Ich kann nicht. Da sagt die Stimme: Lass die Toten ihre Toten begraben und folge mir nach.

Als er aufwacht, ist die Stimme immer noch da. Er holt seinen Rucksack vom Schrank und packt ein, was ihm in die Hände fällt. Dazu das Sparbuch, das für ein Haus gedacht war, angelegt von den Eltern, als er geboren wurde. Dann steigt er die Treppe hinunter und sagt: »Ich gehe jetzt.« Die anderen sitzen beim Frühstück und starren ihn an. »Wo willst du hin? Doch nicht etwa schon wieder in den Urlaub?«, bellt der Bruder. »Du bleibst«, ruft Vater. »Ich brauche dich«, die Mutter. Aber er geht. Er schließt die Tür hinter sich und bricht auf ins Niemandsland. Niemand wird ihm sagen, wo es langgeht. Niemand kennt seinen Weg. Nicht mal er selbst.

Dann beginnt Ben zu leben. Er lebt in vollen Zügen, er prasst und schmaust, er kostet und fühlt, er sucht und probiert, er verschwendet sich. Selten hat er sich so gut gefühlt. Er trifft Menschen und verlässt sie wieder. Orte kommen und gehen. Einmal findet er ein Engagement in einer Bar. Da macht er Musik. Dann arbeitet er auf einer Werft, seine Muskeln wachsen und seine Stimme wird rauer. Er verliebt sich ein bisschen, aber nicht zu sehr. Er saugt alles in sich auf, aber er will nicht bleiben. Ben will ankommen. Irgendwo gibt es einen Ort für ihn, wo er Ben sein kann. Da ist er ganz sicher. Er denkt oft an die Stimme. Folge mir nach. Manchmal meint er, sie zu hören. Manchmal meint er, jemand rufe seinen Namen. Ben. Aber wenn er sich dann umdreht, ist niemand da. Ben traut sich mit der Zeit Dinge, die er sich vorher nie getraut hätte. Manchmal geht das haarscharf böse aus. Aber nur haarscharf. Irgendjemand scheint seine Hand über ihm zu halten. Das spürt er genau.

Es wird Herbst. Das Geld wird weniger. Eines Tages behält der Automat seine EC-Karte. Er versucht, einen Job zu finden. Aber es ist schwierig. Wenn man dringend etwas braucht, ist es viel schwieriger. Die Chefs merken das. Und sie fragen ihn, wo er herkommt. Wo er hingehört. Was er hier will. Sie nehmen lieber Leute aus der Gegend.

In einer Kneipe findet er einen Zettel zum Abreißen. Eine Nummer steht darauf. Er ruft an. Ob er zupacken könne. Zupacken kann er. Also wird Ben Hirte, draußen auf der Heide, wo sie riesige Herden haben, Rinder, auch Schafe. Der Job ist nicht romantisch. Er ist hart. Es sind raue Gesellen, die dort mit ihm in dem Bauwagen hausen. Ihre Sprüche sind derb. Die langen Abende vertreiben sie sich mit Schnaps, der kreist, und je leerer die Flasche wird, desto sinnentleerter werden auch ihre Geschichten, Geschichten von Frauen, die sie Weiber nennen und bei denen es nicht um Liebe geht. Sie prahlen mit allem, und er glaubt ihnen nichts. Denn wenn sie so tolle Hechte sind, warum sitzen sie dann noch in diesem trostlosen Bauwagen?

Immer öfter denkt er an zu Hause. Sehnsucht knabbert an ihm. Er denkt an seine Träume und wie weit weg sie sind. Das Leben, grübelt er, irgendwann muss es doch mal anfangen. Er wird von Tag zu Tag stumpfer. Eines Abends, als wieder mal die Videos auf ihren Handys die Runde machen, als sie dröhnend lachen, wenn einer erniedrigt wird, da hält er es nicht mehr aus. Er murmelt etwas von »unbedingt mal pinkeln« und stürzt aus dem Wagen.

Die kühle Luft tut gut. Er nimmt einen tiefen Atemzug. Sternklarer Himmel, und er schaudert. Was soll bloß werden, denkt er. Da hört er die Stimme wieder. Sie war lange stumm. Fürchte dich nicht. Und plötzlich steht eine Klarheit vor ihm, wie er sie noch nie erlebt hat. Du verschwendest dein Leben. Er will nicht wieder hinein, zu den anderen und auf einen weiteren Tag voller Langeweile und Leere warten, und deshalb dreht er sich um und läuft los. Er stolpert über die Heide, er fällt in den Dreck und rappelt sich wieder auf, er kennt nicht mal die Richtung. Da sieht er ein Licht. Er kann nicht sagen, ob es am Himmel oder auf der Erde steht, aber es ist hell, heller als jeder Stern. Ben rennt auf das Licht zu, was kann das sein, fragt er sich, was leuchtet hier draußen so hell. Er kneift die Augen zusammen und erkennt eine windschiefe Hütte. Aus den Fenstern scheint es warm. Ben schleicht sich heran und lugt vorsichtig hinein. Drinnen sitzt ein Mann.

Er hält ein winziges Kind auf dem Arm. Eine Frau liegt auf einem alten Sofa und hält die Augen geschlossen. Ben kann seinen Blick nicht abwenden. Der Mann sieht auf, ihre Blicke begegnen sich. Er lächelt und bedeutet ihm, hereinzukommen. Ben tritt durch die Tür. Drinnen ist es kalt. Sie haben kein Feuer gemacht. Ben legt ein paar Scheite in den rostigen Ofen. Feuermachen kann er gut. Dann setzt er sich zu dem Mann. »Es ist so klein«, sagt er. »Es ist perfekt«, flüstert der Mann. Sein Gesicht strahlt. »Es ist unser Anfang.« »Diesen Anfang muss man beschützen«, sagt Ben. »Ja«, nickt der Mann, »das muss man.«

Ben sitzt eine Weile da und betrachtet das Gesicht des Kindes. Es ist so klar. Nichts an ihm ist abgenutzt. Es ist ein blutiger Anfänger. Wenn man so ein kleines Wesen im Arm hat, dann kann man nicht mehr weglaufen, denkt Ben plötzlich. Man ist verantwortlich. Er betrachtet den Mann und das Kind. Und plötzlich weiß Ben, was er sein wird: ein Anfänger. Und ihm schwant, dass er es immer bleiben wird. Aber das ist nicht so schlimm. Er hat es ja geübt. Und dann nimmt er all seinen Mut zusammen und geht zurück. Nein, hin. Hin geht er. Hin nach Hause.

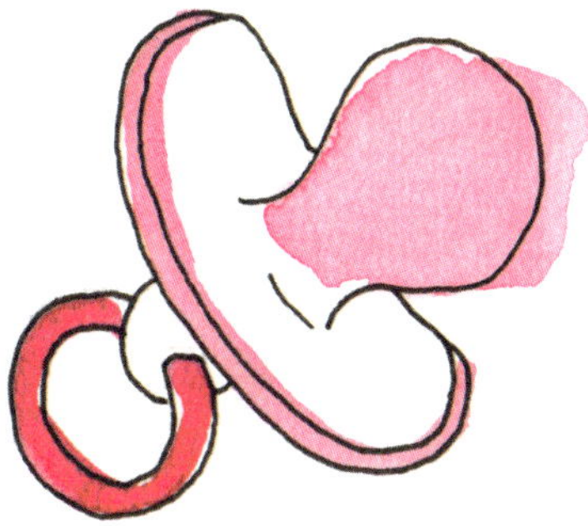

Und plötzlich wusste er,
was er sein wird: Anfänger.

22

Gott steigt ab

»Dieses Jahr will ich Weihnachten auf der Erde verbringen«, verkündete Gott und die Engel erschraken.

»Aber warum? Von hier oben kannst du doch auch alles sehen. Warum musst du denn hinunter?«

»Ich will dabei sein.«

»Dabei sein, dabei sein, das stellt man sich so romantisch vor«, warnte ein Engel. »Aber wer dabei ist, kann sich schmutzig machen, kann sich langweilen, kann enttäuscht werden. Kann in wer weiß nicht was hineingezogen werden.«

»Schluss jetzt«, donnerte Gott und fragte sich, ob er nicht zuweilen wieder energischer sein sollte, wie in früheren Tagen.

»Aber der Himmel«, flüsterte ein Engel schüchtern, »was ist mit dem Himmel? Er wird leer sein, wenn du weg bist.«

»Dann findet der Himmel eben da unten statt. Habt ihre denn keine Fantasie?«

Der Heilige Abend kam und Gott war in bester Stimmung. Er beschloss, einen braunen Anzug zu tragen und den reizenden alten Herrn zu geben. Zu Weihnachten darf es ruhig klassisch sein, befand er. Und weil er nicht einfach bei irgendeiner Familie hereinplatzen wollte, entschied er, sich in einen Zug zu setzen. Da ließen sich nebenbei sicher auch noch ein paar einsame Seelen trösten.

»Im Zug? Warum denn im Zug? Du könnest ein Taxi nehmen«, nörgelten die Engel. »Was soll ich denn allein in einem Taxi?« Manchmal zweifelte der Allmächtige am Verstand seines Gefolges. »Früher ist er auf den Fittichen des Windes gekommen«, flüsterte einer der Engel. »Jetzt fährt er Bahn. Er muss wirklich aufpassen, dass er nicht absteigt. Am Ende ist er nicht mehr der Höchste.«

Aber Gott dem Allmächtigen schien das keine Sorgen zu bereiten. Er verabschiedete sich aufgeräumt und nahm den Intercity von Köln nach Ulm. Er wählte ein Abteil, in dem bereits vier Mitfahrer saßen. Eine mittelschlanke Vierzigjährige, ein Anzugträger, der genervt telefonierte, eine junge Frau mit Buch und ein Student. »Guten Abend«, grüßte Gott der Herr höflich. »Hnabnd«, machte die Gruppe. Gott setzte sich erwartungsvoll. Neugierig schaute er sich nach der Weihnachtsstimmung um. Aber er fand nichts. Das irritierte ihn. Normalerweise hatte er ein feines Gespür für Stimmungen. Die Mittelschlanke aß einen Schokoladenriegel. Hatte sie denn keine Kekse gebacken? Der Anzugträger telefonierte immer noch: »... dann holst du eben Mutter ab. Die Gans wird wohl im Backofen eine Viertelstunde allein zurechtkommen ... Nein, in die Kirche schaffe ich es auf keinen Fall. Außerdem hasse ich dieses Gedränge ... Ich bin nicht immer unromantisch. Ich bin nur unromantisch an einem Abend, an dem alle romantisch sein sollen!« Dann legte er auf. Die junge Frau seufzte. Gott beschloss, es offensiver anzugehen: »Sie fahren wohl nach Hause zum Fest?« »Wie man's nimmt«, antwortete die Frau. Fragend schaute Gott sie an. »Ob es ein Fest wird, wird sich zeigen. Mein Vater hat eine neue Freundin, und die hat beschlossen, einen auf Familie zu machen. Jetzt ist sie auch noch schwanger.« »Wie schön«, sagte Gott. Die Frau verdrehte die Augen. »Geht so.« Die Stimmung war wirklich ganz und gar nicht weihnachtlich. Gott spürte einen Anflug von Enttäuschung. Das hatte er sich anders vorgestellt. »Nun«, befand er zuversichtlich, »es ist ein Fest des Friedens und der Versöhnung.« Der Student schnaubte. »Während auf der ganzen Welt Menschen abgeschlachtet werden.« Gott schien seine Ausdrucksweise etwas drastisch, wenngleich er in der Sache nicht unrecht hatte. »Aber deshalb gibt es ja Weihnachten«, wagte er einzuwenden. Der Student schnaubte abermals. »Und, hat es was geholfen? Hat sich in all den Jahrhunderten irgendetwas verändert?« Gott überlegte einen Moment. »Ich denke schon«, antwortete er schüchtern, denn er wollte sich nicht selbst loben. »Stellen Sie sich eine Welt ohne Hoffnung vor.« »Die Hoffnung wird immer enttäuscht«, schaltete sich die Vierzigjährige ein. Sie hatte ihren Schokoriegel aufgegessen und das Papier feinsäuberlich gefaltet. »Oh«, machte Gott, und es klang aufrichtig bedauernd. Er schwieg einen Moment. Dann fragte er freundlich: »Kann ich etwas für Sie tun?« Die Frau riss die Augen auf. »Sie könnten Weihnachten einfach abschaffen!« »Oh«, machte Gott ein zweites Mal und war nun ernsthaft betrübt. »Aber weshalb denn?« »Man kommt nach Hause und stellt sich alles so schön vor. Die Lichter, der Baum, die Geschenke. Alle sind da und lächeln, es gibt festliches Essen und im Hintergrund läuft »Stille Nacht«. Und dann ist doch wieder alles wie immer. Spätestens nach einer Stunde liegen sich alle in den Haaren, und man merkt: Wir spielen nur und das Spiel gelingt uns nicht mal für einen einzigen Abend im Jahr. Wie soll man sich da im Alltag vertragen?« Die junge Frau stimmte ihr nickend zu. »Naja«, sagte Gott vorsichtig, »das ist doch was. Sie könnten sich auf diesen einen Abend konzentrieren. Spielen ist doch etwas sehr Schönes.« »Pah«, machte der Student, »Augenwischerei! Wir gaukeln uns vor, was nicht ist!« »Aber sein könnte«, wandte Gott ein. Sie schwiegen alle einen Moment. »Damals im Krieg«, fuhr Gott fort, »da gab es an Weihnachten einen Waffenstillstand. Jemand hatte einen Tannenbaum direkt in die Schusslinie gestellt. Die verfeindeten Lager sangen miteinander.« »Waren sie dabei?«, fragte die junge Frau und sah ihn neugierig an. Gott nickte. »Und«, fragte der Student, »war der Krieg danach vorüber?« »Nein«, schüttelte Gott bedauernd den Kopf, »leider nicht.« Wieder schwiegen alle. »Aber das ist doch immerhin ein Zeichen, dass nicht alles verloren ist. Die Menschen wünschen sich, dass alles gut sein möge. Und das ist doch viel, wenn diese Hoffnung auch unter den grausamsten Umständen noch lebt. Das zeigt, wie groß sie ist. Es zeigt, dass sie Macht hat, und dass sie stärker ist als alle Kriege der Welt. Was kümmert einen da schon eine verkohlte Gans oder ein missgestimmtes Familientreffen, solange diese Hoffnung da ist, dass alles noch gut werden könnte, und wenn nicht in diesem Jahr, dann eben im nächsten Jahr. Solange Sie diese Sehnsucht fühlen, ist ein Funke da, und darum geht es doch in dieser Nacht, in der die Hoffnung lebendig wurde. Übrigens ebenfalls unter widrigen Umständen. Entfachen Sie das Feuer!« Alle schauten ihn an. »Sind Sie Pastor oder so?«, fragte die junge Frau. »So ähnlich«, antwortete Gott, und dann fuhren sie eine Weile schweigend durch die Nacht, bis erst der Student, dann die beiden Frauen und schließlich der Anzugträger ausstiegen.

Gott fuhr noch eine Weile in die Dunkelheit, bis er am Morgen wieder den Himmel erreichte. »Nächstes Jahr«, murmelte er, »nächstes Jahr werde ich wieder runtergehen. Sie brauchen mich. Sie brauchen mich dort wirklich.«

Entfachen Sie das Feuer!

23

Zweiundvierzig Weihnachten

Das erste Weihnachten ohne Sam. Annie war sein Mädchen, zweiundvierzig Jahre lang. Es ist still. Annie machte Stille nie etwas aus. Aber jetzt ist es sehr still. Sie sitzt in der Küche und schaut auf den Adventskranz. Zwei Kerzen sind noch unberührt. Sie hat es nicht geschafft, sie anzuzünden. Kein Kerzenlicht. Sam ist fort. Vor zwei Wochen war die Beerdigung. Seitdem tigert sie verloren durchs Haus. Alles scheint fremd und verlassen. Als wäre sie zu Besuch in einem Museum. Sie achtet darauf, nur das Nötigste zu berühren. Als könnte es die Besitzer verärgern. Als würden sie jeden Moment zurückkommen und den roten Kessel auf den Herd setzen, um sich einen ordentlichen Kaffee zu kochen. Nicht so einen Muckefuck, sondern einen aus frischen Bohnen, die man in die Mühle an der Wand schüttet und dann dreht und dreht, bis unten das duftende Pulver herausrieselt, genug für zwei Tassen. Auf den Tisch hätten sie ein paar Kekse gestellt und das Geschirr vom Abendbrot stünde zum Trocknen auf der Spüle.

Im Schlafzimmer sind die Betten aufgeschlagen, das Fenster steht auf kipp, sie schliefen gern kühl. Auf der linken Seite des Bettes steht ein Radio, ein altes Modell mit Drehknöpfen und schmalen Klebemarkierungen für die wichtigsten Sender. Daneben eine Dose mit einer Tabakpfeife darauf, aber sie weiß, es ist kein Tabak darin, sondern Bonbons. Pfefferminzbonbons mit einem Kern aus Schokolade. Sam liebte es, vorm Schlafengehen noch ein Bonbon zu lutschen, obwohl sie ihn hundert Mal gemahnt hat, an seine Zähne zu denken. Sie hört ihn lachen und sagen: »Mädchen, meine Zähne sind aus Granit!« Seufzend verlässt sie das Zimmer und macht sich daran, ein paar Möhren zu putzen. Sie muss etwas essen, das weiß sie. Auch wenn das hier kein Weihnachtsessen wird. Sie möchte kein Weihnachten feiern. Sicher, alle haben sie eingeladen. Sonia hat gesagt: »Komm zu uns, wir sind so viele, da fällst du gar nicht auf.« Aber sie will keine Menschen um sich. Schon gar nicht viele. Frieda wollte sie mit in die Kirche nehmen und Josef hatte Karten für ein Konzert. Sie weiß, dass alle es lieb meinen. Aber sie will nicht. Sie will nicht, dass Weihnachten ist ohne Sam.

Sie wirft die Möhren ins kochende Wasser und dreht die Flamme kleiner. Sie haben keine Kinder. Es war nie ihr Wunsch. »Wir haben doch uns«, sagte Sam immer und dann drückte er sie an seine Schulter und er roch nach Pfefferminz und Hermès. Herb und süß zugleich, sie konnte sich nicht satt riechen daran. Außerdem hatten sie sich erst spät kennengelernt, sie war bereits einundvierzig Jahre, alt für damalige Verhältnisse. Eine alte Jungfer in den Augen ihrer Mutter, aber sie selbst hatte sich nie so gefühlt.

Sie wusste, dass er sterben würde. Sie wussten es beide. Sein Herz war schwach. Und mit sechsundachtzig war es Zeit. Insgeheim hatten beide auf ein Wunder gehofft. Sie wollten immer hundert werden. Wie im Märchen, es hätte zu ihnen gepasst, Sam und Annie, zwei tatterige, glückliche Hundertjährige. Aber dann kam der Herbst und Sam wurde schwächer. Nicht langsam, nicht ein wenig, so wie es nun mal ist, wenn man alt wird, sondern schnell und plötzlich, so, als wolle jemand sagen: Schluss jetzt! Als er nicht mal mehr ihre gemeinsame Runde um den See schaffte, sagte der Arzt: »Noch vier Wochen, vielleicht sechs.« Annie wollte es nicht glauben. Er war doch hier, sie konnte ihn berühren, sein Gesicht, seine faltige Stirn, sein Haar, das immer noch weich und voll war. Und er lachte. Niemals konnte er einfach weg sein. Und doch kam es so.

Jetzt sitzt sie hier allein. Die Möhren sind gar. Sie gibt

etwas Brühe dazu und schneidet ein paar Scheiben Fleischwurst auf ihren Teller. Gewissenhaft kaut sie und schluckt, aber dann wirft sie zornig den Löffel auf den Tisch, weil es so sinnlos ist und weil es nicht schmeckt und weil ihr das Essen wie Verrat vorkommt. Sie geht hinüber in die Stube. Dort ist es warm, Sam hätte es zu warm gefunden, aber Annie fröstelt schnell. Deshalb dreht sie die Heizung hoch. Sie zieht ein Album aus dem Regal, es ist das Fotoalbum dieses Jahres. Ihres letzten gemeinsamen glücklichen Jahres. Annie hat für jedes Jahr so ein Album gemacht. Gleich im ersten Winter, als sie sich kennenlernten, hatte sie damit begonnen. Nun gibt es zweiundvierzig Alben, ein halbes Regal voll. Sie schlägt es auf und sieht die Momente wieder, ihr Geburtstag, die Bootsfahrt auf dem See und Sam im Kirschbaum. »Komm da runter«, hatte sie gerufen und ihn gescholten, was für ein unvernünftiger Alter er sei, aber er lachte nur und brachte ihr einen Korb voll praller schwarzer Kirschen, die sie Schulter an Schulter gelehnt auf der Bank aßen.

Tränen kullern über ihre Backen. »Ich will nicht«, schluchzt sie. »Ich will nicht leben ohne dich«, und das Album rutscht von ihren Knien. Es fällt auf den Boden und im Fallen segelt ein Umschlag heraus, ein rosa Umschlag, auf ihm steht »Annie«. Annies Herz klopft laut. Es ist seine Schrift. Sie hat diesen Umschlag noch nie gesehen. Mit zitternden Händen hebt sie ihn auf. Er ist zugeklebt. Hektisch greift sie nach dem Apfelmesser und schlitzt ihn auf. Es liegt ein Brief darin. Annie legt das

Messer beiseite, streicht ihr Kleid glatt und atmet ein paar Mal tief durch. Dann beginnt sie zu lesen.

Mein liebes Mädchen,
du musst dir jetzt die Nase schnäuzen und eine Schürze umbinden. Es gibt nämlich eine Menge zu tun. Bald ist Weihnachten, und da habe ich Sonia und Lenchen eingeladen und all die anderen. Die rechnen mit deiner großartigen Kartoffelsuppe. Also koch einen ordentlichen Topf voll. Einen Sack Kartoffeln habe ich besorgt, du findest ihn im Keller im mittleren Regal, da musst du dich nicht so tief bücken. Und spar nicht mit Kümmel, du weißt, wie ich das mag!

Sogar Josef, meinen alten Nebenbuhler habe ich eingeladen. Wehe, er macht dir schöne Augen!

Ach Annie, das ist nur ein Scherz, du bist doch mein Schatz. Mein Herz, meine Liebste, mein Ein und mein Alles für immer. Aber du musst unter Leute. Ich will nicht, dass du allein zu Hause sitzt und Trübsal bläst, das passt nicht zu meinem Mädchen. Ich gucke euch zu von da oben, vielleicht gibt es da ja auch ein ordentliches Süppchen, wer weiß. Auch wenn es niemals so gut sein kann wie deines. Ich halte dir ein Plätzchen frei, aber lass dir Zeit, hier oben ist keine Eile. Ich freue mich auf dich.

Sam

PS: Damit du mich nicht vergisst, habe ich dir ein paar Briefe geschrieben. Ich habe sie hinten in die Alben gesteckt. Ich glaube, es sind zweiundvierzig. Für jedes Weihnachtsfest einen. Wenn du so alt wirst, fress ich 'nen Besen! Bis bald. Dein Sam

An mein Mädchen.

24

Die Weihnachtsgeschichte

Es ist dunkel. Nur ein Schimmer dringt durch. Meine Welt ist warmes Licht. Ich glaube nicht, dass viele wissen, dass es mich gibt. Sie können mich ja nicht sehen. Noch nicht. Aber die beiden wissen es. Ich höre ihre Stimmen. Was sie sagen, verstehe ich nicht, es ist ein Murmeln, ein Summen, es beruhigt mich und meistens schlafe ich davon ein. Dann träume ich. Ich träume davon, wie die Welt sein könnte.

Ich kann noch nichts tun, aber ich fühle eine Menge. Zum Beispiel, dass wir unterwegs sind. Ich spüre die

Schritte, tock-tock, tock-tock, immer weiter. Alles ist in Bewegung. Das geht schon eine ganze Weile so, aber heute ist etwas anders. Sie sind aufgeregt. Sie gehen ein Stück, dann bleiben sie stehen, dann gehen sie wieder. Sie kommen nicht voran. Ich möchte sehen, was da los ist. Ich will raus. Plötzlich höre ich eine fremde Stimme. Sie ist laut, so laut, dass ich verstehen kann, was sie sagt. Sie ruft »Nein!«.

Mein erstes Wort ist »Nein«. Es klingt hart und barsch. Mama zuckt zusammen. Ich merke es. Ich merke alle diese Dinge. Die kleinste Bewegung, das feinste Gefühl. Sie vergessen das manchmal. Das Wort ist spitz, es tut weh. Sie gehen weiter, aber ich kann es nicht abschütteln, es lässt mich nicht los. Ich trage es mit mir herum, und das tut mir leid, weil ich nicht schwer sein will, sondern leicht.

Als ich zur Welt komme, blicken tausend Augen auf mich. Das ist ein bisschen viel. Alle reden durcheinander. »Ich hätte gern ein Pferd. Kannst du dafür sorgen?« »Das wird aber auch Zeit, der Weltfrieden steht schon lange aus.« »Bring bitte Paul zurück.«

Ich weiß nicht, woher ich ein Pferd bekommen soll. Mit dem Weltfrieden kenne ich mich nicht aus. Und wer ist Paul?

Ich fange an zu schreien. Sie gucken betreten. Ich glaube, sie haben etwas anderes erwartet. Vielleicht haben sie es sich anders vorgestellt. Ich bin eben ein Baby. Ziemlich klein und meine Haut ist ein bisschen schrumpelig.

Aber ich glaube, das ist normal. Ich fände es schön, wenn sie mich auf den Arm nehmen würden. Ich mag es auch, wenn sie ihren Finger in meine Hand legen. Stattdessen flüstert einer: »Wie kindisch.« Ein anderer räuspert sich: »Also. Wann fängst du an?« Ich weiß nicht, womit ich anfangen soll. Ich bin ja schon da. Aber das kann ich ihnen nicht sagen, denn ich kann noch nicht reden. Vielleicht ist das mein Glück. Deshalb versuche ich ein Lächeln.

Ein Mann in der ersten Reihe fällt auf die Knie. »Das ist ein Zeichen«, ruft er. Eine Frau zeigt verzückt auf mein Gesicht. »Er lächelt! Er liebt die Freundlichkeit!« Ich finde, das klingt gut. Ich beschließe, öfter zu lächeln. Dann klappe ich die Augen zu und schlafe ein.

Am nächsten Morgen hat sich die Anzahl der Leute verdoppelt. Sie rücken immer näher und schauen in mein Bett. Es ist ein bisschen unheimlich. Ich beginne wieder zu weinen. Sie scheinen sich bereits daran gewöhnt zu haben, denn diesmal ruft einer: »Er schämt sich seiner Tränen nicht!« Ich weiß nicht, was schämen ist, und weine weiter. Ich habe Hunger. Ich will an Mamas Milch.

»Er will trinken«, murmelt einer erstaunt. »Er ist ein Mensch«, fügt ein anderer hinzu. Sie schauen grüblerisch. »So haben wir uns Gott nicht vorgestellt.« »Vielleicht ein Irrtum.« »Man muss die Prophezeiungen lesen.« »Man sollte seine Herkunft prüfen.« »Er könnte uns ein Wunder machen.« Sie schauen mich auffordernd an. Schon wieder habe ich keine Ahnung, wovon die reden. Aber sie scheinen etwas von mir zu erwarten. Ich versuche ein

Lächeln. Das hat schließlich schon einmal geklappt. Diesmal wirkt es nicht. Sie sehen enttäuscht aus. »Was kann er denn?« »Er ist ein Anfänger.« Sie nicken. Was wohl ein Anfänger ist, frage ich mich, während ich trinke.

Plötzlich drängeln sich vier Männer nach vorn. Einer von ihnen hat viele Haare im Gesicht. Ein anderer hat etwas Zotteliges bei sich. »Schafft den Hund raus!«, ruft einer von den Rednern. »Der ist gefährlich!« Der Hund schnüffelt an meiner Hand. Es kitzelt, und ich lache. Ich beschließe, Hunde zu mögen. Die vier Männer sagen nichts. Sie haben Tränen in den Augen. Ich bin überrascht. Sie weinen auch. Sie sind wie ich.

Als ich aufwache, ist es hell. Vor meinem Bettchen steht ein komischer Mann. Sein Gesicht ist schwarz. Es sieht anders aus als die Gesichter der anderen. Ich will es unbedingt anfassen. Der Mann beugt sich zu mir hinunter und ich greife nach seiner Nase. Sie fühlte sich ganz normal an. »Er hat keine Berührungsängste«, flüstert einer. Das ist ein langes Wort. Ich glaube, ich kann es mir nicht merken.

»Er nimmt jeden an.« »Er macht keine Unterschiede.« »Er kam für alle auf die Welt.« Ich höre schon nicht mehr zu, denn der Mann holt etwas aus seiner Tasche. Es glänzt, und es ist rund. Neugierig strecke ich meine Finger aus. »Das ist Gold«, sagt der Mann. »Das ist für später.« Ich weiß nicht, was später ist, und greife nach der Kugel.

»Er lebt im Moment«, jubelt einer. Die anderen nicken bedeutungsvoll.

Mit dem Gold spiele ich den ganzen Tag. Sie nennen mich König.

Mama nennt mich Schatz. Das gefällt mir besser.

Am nächsten Morgen flüstern alle miteinander. Ich glaube, ich soll nicht hören, was sie sagen. Ich verstehe das Wort »töten«, aber ich weiß nicht, was das heißt. Ich will ihnen sagen, dass sie keine Angst zu haben brauchen. Ich bin ja bei ihnen. Aber sie achten gar nicht auf mich. Sie packen unsere Sachen zusammen. Ich glaube, wir müssen gehen. In der Nacht wache ich auf. Aus Gewohnheit will ich schreien, aber dann entdecke ich das Glitzern. Oben am Himmel. Als hätte jemand die goldene Kugel dort aufgehängt. Ich überlege, ob das möglich ist. Plötzlich habe ich keine Angst mehr vor der Nacht.

Wir sind schon lange unterwegs. Die Leute sind zurückgeblieben. Jetzt sind wir nur noch zu dritt. Mama, Papa und ich. Und das Glitzern am Himmel. Mama nennt es Stern. Man kann ihn nur nachts sehen. Manchmal ist er weg. Erst bekam ich Angst, doch er kam immer wieder. So lange der Stern da ist, ist alles gut. Er ist wie die Lampe, die Papa abends in unserem Zelt anzündet, nur schöner. Und niemand braucht ihn anzuzünden. Jemand anderes tut es für uns. Ich bin gespannt, ihn kennenzulernen. Ich ahne, eines Tages wird es soweit sein.

Sie nennen mich König
Mama nennt mich Schatz.